MARCO POLO

W0034241

AUS TRAL IEN

SYDNEY

INDON.
OSTTIMOR
Timor
Darwin

Korallen-
see

AUSTRALIEN

Brisbane

Perth

Canberra

Sydney

Melbourne

Tasman-
see

INDISCHER

OZEAN

Tasmanien

MARCO POLO AUTOREN
Bruni Gebauer und Stefan Huy
Seit über 25 Jahren sind Bruni Gebauer und Stefan Huy
Downunder-Spezialisten, haben ein zweites Zuhause in
Neuseeland und unternehmen von dort aus, so oft es geht,
den Sprung auf den Känguru-Kontinent. Ihre vielfältigen
Erfahrungen und Insider-Tipps teilen sie mit den MARCO
POLO Lesern und vor Ort auch als Reiseleiter. Die Basis für
diesen Reiseführer legten Esther Blank und Urs Wälterlin.

REIN INS ERLEBEN

Mit dem digitalen Service von MARCO POLO sind
Sie noch unbeschwerter unterwegs: Auf den
Erlebnistouren zielsicher von A nach B navigieren
oder aktuelle Infos abrufen – das und mehr ist nur
noch einen Fingertipp entfernt.

Hier geht's lang zu den digitalen Extras:

http://go.marcopolo.de/aus

 Touren-App

Ganz einfach orientieren und jederzeit wissen, wo genau Sie gerade sind: Die praktische App zu den Erlebnistouren sorgt dank Offline-Karte und Navigation dafür, dass Sie immer auf dem richtigen Weg sind. Außerdem zeigen Nummern alle empfohlenen Aktivitäten, Genuss-, Kultur- und Shoppingtipps entlang der Tour an.

HTTP://GO.MARCOPOLO.DE/AUS

 Update-Service

Immer auf dem neuesten Stand in Ihrer Destination sein: Der Online-Update-Service bietet Ihnen nicht nur aktuelle Tipps und Termine, sondern auch Änderungen von Öffnungszeiten, Preisen oder anderen Angaben zu den Reiseführerinhalten. Einfach als PDF ausdrucken oder für Smartphone, Tablet oder E-Reader herunterladen.

SYMBOLE

INSIDER TIPP   Insider-Tipp

★   Highlight

● ● ● ●   Best of ...

☼   Schöne Aussicht

🌿   Grün & fair: für ökologi-
sche oder faire Aspekte

(*)   Kostenpflichtige
Telefonnummer

**PREISKATEGORIEN
HOTELS**

€€€ über 110 Euro

€€   70–110 Euro

€   bis 70 Euro

Die Preise gelten für ein Dop-
pelzimmer ohne Frühstück

**PREISKATEGORIEN
RESTAURANTS**

€€€ über 18 Euro

€€   13–18 Euro

€   bis 13 Euro

Die Preise gelten für ein
Hauptgericht ohne Getränke

GUT ZU WISSEN
Geschichtstabelle → S. 14
Spezialitäten → S. 28
Traumzeit → S. 51
Auf Schienen durch Australien → S. 114
Feiertage → S. 153
Währungsrechner → S. 158
Bücher & Filme → S. 159
Was kostet wie viel? → S. 160
Wetter → S. 161

KARTEN IM BAND
(168 A1) Seitenzahlen und Koordinaten verweisen auf den Reiseatlas
(0) Ort/Adresse liegt außer-halb des Kartenausschnitts
Es sind auch die Objekte mit Koordinaten versehen, die nicht im Reiseatlas stehen
(U A1) Koordinaten für die Karte zu Sydney im hinteren Umschlag
Karte zu Melbourne s. 61, zu Perth s. 107

(🛏 A–B 2–3) verweist auf die herausnehmbare Falt-karte
(🛏 a–b 2–3) verweist auf die Zusatzkarte auf der Falt-karte

UMSCHLAG VORN:
Die wichtigsten Highlights

UMSCHLAG HINTEN:
Karten von Sydney, Adelaide und Brisbane

Die besten MARCO POLO Insider-Tipps

Von allen Insider-Tipps finden Sie hier die 15 besten

INSIDER TIPP Unterwegs im Paradies
Der Cape Range National Park besticht mit vielfältiger Natur – bestens zu erleben mit *Ningaloo Safari Tours* → **S. 100**

INSIDER TIPP Im Galopp durch Australiens Natur
Ein besonderes Erlebnis für Pferdefreunde sind Wanderritte mit dem Veranstalter *Reynella Rides*; dabei geht es durch Flüsse und Eukalyptuswälder in den Snowy Mountains → **S. 148**

INSIDER TIPP Einblick in die traditionelle Lebensweise
Ein Koorie-Führer erklärt Alltag und Kultur der Aborigines-Stämme Boonerwrung und Kurundjeri in den *Royal Botanic Gardens* in Melbourne → **S. 61**

INSIDER TIPP Australian Rules
Besuchen Sie ein *Footy*-Spiel zusammen mit Zehntausenden begeisterten Einwohnern von Melbourne → **S. 25**

INSIDER TIPP Hübscher Fischerort
Strand und ein schönes Hinterland: *Apollo Bay* ist die erste Adresse für Besucher der Great Ocean Road → **S. 65**

INSIDER TIPP Australische Tierwelt
Im *Wilsons Promontory National Park* auf der gleichnamigen Halbinsel an der Südküste können Sie neben den landestypischen Beuteltieren wie Wombats, Kängurus und Koalas auch Emus, viele Wasservögel, Delphine und Seehunde beobachten → **S. 67**

INSIDER TIPP Abgelegene Schlucht
Ein Besuch im *Carnarvon National Park* ist ein unvergessliches Track, der Sie in die längst vergangene Zeit der Dinosaurier zurückführt → **S. 75**

INSIDER TIPP Tropischer Norden
Cape York ist ein Ziel für all jene, die eine wilde Natur und die Kultur der Aborigines hautnah erleben wollen → **S. 80**

BEST OF ...

SPAREN

● *Kunstgenuss*

Bewunderer zeitgenössischer Kunst kommen im *Museum of Contemporary Art* an Sydneys Waterfront ohne einen Cent voll auf ihre Kosten. Die Ausstellungen zeigen auch Werke ausländischer Künstler sowie eine sehenswerte Sammlung hochwertiger Aboriginalkunst → S. 35

● *Funky Friday*

Gypsy, Jazz, Latin, Folk, Swing gibt's jeden Freitag bei der Livemusikveranstaltung *Rektango* im Courtyard in Hobart mit wechselnden Bands, darunter auch die populäre Gruppe Rektango – Eintritt frei → S. 126

● *Krankenbesuch erlaubt*

Im ehrenamtlich geführten *Koala Hospital* in Port Macquarie werden Koalas gesund gepflegt, um später wieder in die freie Natur entlassen zu werden. Beste Besuchszeit ist 15 Uhr, wenn die putzigen Beuteltiere gefüttert werden → S. 54

● *Freie Fahrt*

Für die *City Circle Tram,* die auf einem Rundkurs und auf Schienen durch die Innenstadt von Melbourne verkehrt, braucht man keinen Fahrschein. Viele Sehenswürdigkeiten befinden sich in Gehweite von den Haltestellen (Foto) → S. 64

● *Zentraler Badespaß*

Weil es der Tropenstadt Cairns an einem ordentlichen Sandstrand fehlt, hat sie kurzerhand zwischen Fußgängerzone und Küstenpromenade eine großzügige Freizeitoase mit Salzwasserbecken, Liegewiesen und Barbecue-Plätzen angelegt. Die *Esplanade Swimming Lagoon* ist ein beliebter Treffpunkt – auch weil der Eintritt gratis ist → S. 79

● *Adelaide Greeters*

So heißen die freundlichen Menschen, die Besucher willkommen heißen und ihnen – falls gewünscht – die Stadt zeigen. Der Service ist ehrenamtlich und wird täglich zwischen 9 und 17 Uhr angeboten → S. 118

● ● ● ● Diese Punkte zeichnen in den folgenden Kapiteln die Best-of-Hinweise aus

TYPISCH AUSTRALIEN
Das erleben Sie nur hier

● **Wasserwelten**
Trockenen Fußes bekommen Besucher im *Aquarium*
von Sydney über 650 in den Gewässern heimi-
sche Tierarten zu Gesicht. Ein künstlich ange-
legtes Korallenriff lässt die Schönheiten des
Great Barrier Reef erahnen (Foto) → S. 32

● **Shoppen mit Stil**
Das elegante *Queen Victoria Building* in
Sydney hat die Kolonialzeit stilecht über-
dauert. Unternehmen Sie einen Schaufensterbummel und erleben Sie eine Zeit-
reise in die Pioniertage → S. 39

● **Anschaulicher Politikunterricht**
Im *Parliament House* in Canberra erfahren Sie
aus erster Hand, wie Australien regiert wird. Re-
gelmäßige Führungen lassen hinter die Kulissen des
Regierungsalltags blicken → S. 52

● **Einwanderergeschichten**
Wie haben frühe Einwanderer bloß den langen und beschwerlichen
Weg über die Meere gemeistert? Auf hölzernen Segelschiffen, einge-
pfercht in enge Verschläge unter Deck? Plausible Antworten liefern
die Ausstellungen des *Immigration Museum* im ehemaligen Zollamt
in Melbourne → S. 59

● **Tierisch gut**
Lone Pine Koala Sanctuary gilt als größter Koala-Tierpark der Welt und
bietet auch Platz für andere einheimische Arten: Machen Sie am Stadt-
rand von Brisbane Bekanntschaft mit Schnabeltieren, großen Laufvö-
geln, zutraulichen Kängurus und kuscheligen Beutelbären → S. 73

● **Einfach schmecken lassen**
Schlemmen (fast) wie die Ureinwohner. Was im populären *Ochre Restaurant* in Cairns auf den Tisch kommt, entstammt mehr oder weniger der Aborigines-Küche: Emu-, Känguru- oder Krokodilfleisch, heimi-
sche Beerenfrüchte und Buschtomaten → S. 79

● **Wilder Schlafplatz**
Gleich einem in der Sonne dösenden Krokodil schmiegt sich der außer-
gewöhnliche Hotelbau des *Mercure Kakadu Crocodile Hotel* in die einzigartige Landschaft des Kakadu National Park → S. 94

TYPISCH

BEST OF ...

● *Riesenkängurus und Urzeitechsen*

Die umfangreichen Sammlungen des *Australian Museum* in Sydney gewähren spannende Einblicke in die Naturgeschichte des uralten Kontinents → **S. 33**

● *Knast mit Historie*

Hinter Gittern dem Schmuddelwetter entfliehen: Dicke Mauern, karge Zellen, düstere Flure und der Galgen im *Old Melbourne Gaol* zeugen von harschen Strafen in der einstigen britischen Kolonie Victoria → **S. 60**

● *Einkaufspalast*

Um die 180 Läden sowie zahlreiche Restaurants und Imbisse füllen das mehrstöckige Shoppingcenter *Melbourne Central* (Foto). Stundenlang kann man sich hier beim Schaufensterbummel die Zeit vertreiben → **S. 64**

● *Undergroundtour*

Unter der Erde ist das Wetter eh egal. In der entlegenen Bergbaustadt Mount Isa sind Führungen durch die Schachtanlage der *Hard Times Mine* deshalb witterungsunabhängig und bescheren im aufgeheizten Outbackklima stets eine angenehme Abkühlung → **S. 72**

● *Fels im Regen*

Ein seltenes Naturwunder, wenn Sie den *Uluru (Ayers Rock)* bei heftigen Niederschlägen erleben. Dann ergießen sich nämlich Sturzbäche über die glatten Felswände, stürzen Wasserfälle in die Tiefe und schießen Fontänen aus Öffnungen im Berg → **S. 88**

● *Kunstmuseum Mona*

Das ambitionierte Privatmuseum außerhalb von Hobart bietet Kunstgenuss der besonderen Art: Besucher können Objekte ertasten, erschnüffeln, sich satt gucken an experimentellen Videos und zwischen Antike und Moderne wandeln → **S. 124**

REGEN

ENTSPANNT ZURÜCKLEHNEN
Durchatmen, genießen und verwöhnen lassen

● **Über den Dächern von Sydney**
Mehr als 200 m oberhalb der Stadt die Seele baumeln lassen, rundum und weithin blicken, bei klarem Wetter bis zu den Blue Mountains. Und nach Einbruch der Dunkelheit glitzern unten die Lichter der Großstadt – im *Sydney Tower Eye* liegt Ihnen die Metropole zu Füßen → S. 37

● **Erholung im Park**
Die *Royal Botanic Gardens* sind die grüne Lunge von Melbourne. Eine großflächige, gepflegte Parkanlage am lauschigen Ufer des Yarra River mit Spazier- und Radwegen, schattenspendenden Alleen, blühenden Beeten und kurz geschorenem Rasen – ideal zum Relaxen → S. 60

● **Luxuriöser Inselhüpfer**
Es ist nicht billig, auf *Hayman Island* Urlaub zu machen. Dafür pampert das Nobelresort vor der Küste Queenslands seine Gäste nach allen Regeln einer Luxusunterkunft. Zum Wohlfühlprogramm gehört auch das *Hayman Spa* mit seiner *ocean massage* → S. 71

● **Pools mit Erfrischungsgarantie**
Als abkühlende Labsal unter tropischer Sonne empfiehlt sich im *Nitmiluk National Park* der von den *Edith Falls* gespeiste See: gefüllt mit klarem Süßwasser und garantiert krokodilfrei. Einfach eintauchen, den heißen Staub von der Haut waschen und den Blick schweifen lassen über die felsige Wildnis am Ufer → S. 95

● **Super Sandstrand**
22 km lang: Der *Cable Beach* bei Broome ist der rechte Platz, um in der Sonne zu dösen und sich zwischendurch im Indischen Ozean abzukühlen. Zum abendlichen Chillout gibt's meist spektakuläre Sonnenuntergänge (Foto) → S. 97

● **Weinselig und gemütlich**
Im lieblichen *Barossa* kommen Genießer ebenso auf ihre Kosten wie Ruhesuchende: Die ländliche Region verwöhnt mit behaglichen Unterkünften, erlesenen Tropfen und deutscher Hausmannskost → S. 115

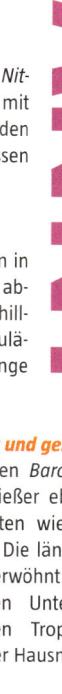

AUFTAKT

ENTDECKEN SIE AUSTRALIEN!

Es gibt viele Klischees über Downunder. Und sicherlich träumt manch zivilisations-
müder Europäer davon, gleich nach der Landung ein Rendezvous am Lagerfeuer mit
Crocodile Dundee höchstselbst oder wenigstens dessen Bruder zu erleben. Doch die
Realität sieht anders aus. Australien ist ein Land mit *einer der höchsten Urbanisie-
rungsraten* der Welt – die weitaus meisten der über 24 Mio. „Aussies" leben in Städten. Und so gehört das Bürovolk, das morgens mit wehenden Krawatten durch die
Straßenschluchten von Sydney oder Melbourne stiebt und sich abends schnell auf ein
kühles Tooheys- oder Victorian-Bitter-Bierchen im Pub trifft, ebenso dazu wie etwa
die Heerscharen der Youngsters, die sich am Wochenende ins facettenreiche Nachtleben stürzen, die Kulturbeflissenen, die keine Theatervorstellung auslassen, die Seg-
ler, Surfer oder Wasserfanatiker, die dottergelbe Stadtstrände wie den Bondi Beach in
Sydney oder den Scarborough Beach in Perth bevölkern, oder die schrill geschmink-
ten Schwulen und Lesben beim Sydney Mardi Gras, der großen Parade.
Die Vielfalt ist Programm in diesem Land, und wenn Sie einmal Menschen aus 140
Nationen auf engstem Raum erleben möchten, dann sollten Sie sich Melbourne näher anschauen. Der zumeist *friedliche Multikulturalismus* in Victorias Hauptstadt ist

Großstadttrubel in Perth: Unzählige Läden und Restaurants säumen die Hay Street

das Resultat mehrerer großer Einwanderungswellen wie etwa in den 1950er-Jahren. Doch die australische Note ist immer dabei – das *no worries, mate* (alles klar, Kumpel!) klingt aus Griechenmund in Sydney, mit deutschem Akzent in Adelaide oder mit türkischem Unterton in Melbourne ebenso echt wie in Darwin oder Alice Springs.

Ein Kontinent – ein Staat: 7 682 000 km² nimmt die Landmasse zwischen Pazifik und Indischem Ozean ein, eine Fläche etwa 21-mal so groß wie Deutschland. Hin- und hergerissen zwischen westlicher Zivilisation und exotischer Wildnis, bietet Australien *einzigartige Kultur und unvergessliche Abenteuer*: Korallengärten und das Great Barrier Reef im Osten und staubiges Buschland im Westen, lebhafte Metropolen an den Küsten und menschenleere Einöde im Landesinnern, grünes Urwalddickicht im tropi-

70 000–64 000 v. Chr.
Die Aborigines besiedeln Australien über eine Landbrücke aus dem heutigen Indonesien

1770
Kapitän James Cook erforscht die Ostküste und nimmt den Kontinent für die britische Krone in Besitz

1788
750 Sträflinge und ihre Bewacher landen im heutigen Sydney. Die britische Krone nutzt Australien als Sträflingskolonie

1851
In Australien wird Gold gefunden. Der Goldrausch lockt Menschen aus aller Welt auf den Kontinent

schen Regenwald im Nordosten und kahle, rotbraune Felshänge am Uluru (Ayers Rock) im roten Zentrum, saftige Weiden in New South Wales und ausgedörrte Wüsten in Western Australia.

Western Australia nimmt als größter, aber dünn besiedelter Bundesstaat etwa die Hälfte der Fläche des Kontinents ein, gefolgt von Queensland und dem Northern Territory, wo gerade einmal 235 000 Menschen leben. Am dichtesten bevölkert ist Victoria mit seiner eleganten Hauptstadt Melbourne. New South Wales beherbergt immerhin ein Drittel aller Australier, die meisten davon sind gerne im glamourösen Sydney zu Hause. In South Australia lebt es sich eigentlich nur südlich des 32. Breitengrads gut, am besten in und um Adelaide. Bleibt die gebirgige Insel Tasmanien als kleinster Bundesstaat, dessen charmante Hauptstadt Hobart schon früh Geschichte geschrieben hat.

Die australische Note, das ist eine *hemdsärmelig-lässige Lebenslust*, wie es sie wohl wirklich nur Downunder gibt. Wo sonst auf der Welt steht das gesamte öffentliche Leben einen Tag lang still – und das nur wegen eines Pferderennens; wenn nämlich die aufregenden Fernsehbilder vom Melbourne Cup in die Wohnzimmer flimmern? Wo sonst zelebriert man, wie in Adelaide, ein national bedeutendes Foodfestival, wo Jung und Alt, Handwerker und Manager gleichermaßen an Spitzenweinen nippen, erlesene Happen zu sich nehmen und zwanglos miteinander plaudern können? In „Gottes Garten", wie vor allem viele Landwirte den fruchtbaren Süden und Südosten nennen, gedeihen die herrlichsten Zutaten für eine leichte Pazifikküche, die Sie in Vollendung in den Gourmetrestaurants der Städte genießen können.

1901 Die britischen Kolonien schließen sich zum Bundesstaat Australien zusammen

1915 Schlacht bei Gallipoli in der Türkei. Tausende australische Soldaten sterben. Sie waren ihrem Mutterland Großbritannien im Ersten Weltkrieg zur Seite geeilt

1942 Japanische Bomber greifen die nordaustralische Stadt Darwin an. Australische Soldaten kämpfen auf der Seite der Alliierten

1967 90 Prozent der Australier stimmen für die volle Gleichberechtigung der Aborigines

Doch sie sind wandelbar, die Städter. Wenn sie sich nach draußen begeben, ins Outback abseits der Metropolen, dann werden selbst distinguierte Sydneysider, snobistische Melburnians oder Salonlöwen aus Adelaide zum real existierenden Buschmann, der den Diskothekensound gegen Countrymusik aus dem Radio oder eine selbst gesungene Ballade wie etwa „Waltzing Matilda" eintauscht. Dann werden Kniestrümpfe übergestreift und kurze Hosen, Shirts und ein verschwitzter *Akubra*-Hut, dann werden Boote aufs Allradfahrzeug geschnallt und Angelruten gerüstet. Und zum Erstaunen vieler Touristen kann der Partytiger aus Adelaide oder der Rotarier aus Melbourne ein Zelt genauso gut und

Im Outback wandeln sich australische Städter zu Buschmännern

schnell aufbauen wie einen Geländewagen sicher durch mächtige Sanddünen steuern. Von diesen Ausflügen kehren sie stets glücklich zurück und schwärmen zumeist in den höchsten Tönen von den Vorzügen und Schönheiten des Landes. Für viele Mitteleuropäer, die eher einen kritisch-nüchternen Geschäftston im Umgang miteinander gewohnt sind, mag dies *eine der schönsten Erfahrungen überhaupt* sein – die tägliche Lektion im positiven Denken, die tägliche Dosis gute Laune, das sonnige Gemüt der Menschen.

Australien ist ein Mix aus unerforschten tropischen oder kühl-gemäßigten Regenwäldern, schroffen, bisweilen schneebedeckten Alpengipfeln – und natürlich: Abenteuern. Manche Allradwagenrouten, wie etwa die *Canning Stock* quer durch Western Australia, sind selbst für ausgefuchste Profis noch ein Wagnis. Und beim Buschtrekking im Wooronooran National Park rund um Mount Bartle Frere in Queensland kann man sich tatsächlich so hoffnungslos im Dschungel verirren, dass ein Rettungseinsatz notwendig wird. Um eine Camp- oder Angelerlaubnis muss man bei solchen Ausflügen dagegen nicht lange bitten, beim Feuermachen stört kein nörgelnder Förster. Wenn man dann so dasitzt und das Sternenzelt im Outback betrachtet, das dank der trockenen Luft und der nahezu vollkommenen Dunkelheit funkelt wie frisch mit dem Fensterleder aufpoliert, wenn man spürt, wie der Boden die Hitze des Tages ausatmet, dann sitzt man mittendrin im Australien der Diavorträge, in dem allerdings manche drohenden Dinge und Gefahren – ohne die ein Abenteuer kein solches wäre –, wie etwa Krokodile oder einige der giftigsten Schlangen der Welt, eher einen bescheidenen Platz einnehmen. Nicht wenige Australier sehen ihr Land nicht

1988 Australien feiert 200 Jahre europäische Besiedlung. Aboriginegruppen protestieren gegen 200 Jahre europäische Besetzung

2000 Olympische Sommerspiele in Sydney

2007 Australien ächzt unter jahrelanger Dürre, den Städten geht das Wasser aus

2010 Mit Julia Gillard hat erstmals eine Frau das Amt des Premierministers inne

2015 Austragung des Cricket World Cup in Australien und Neuseeland

als Kontinent an, sondern eher als eine von Mutter Natur **mit reichlich Raum bedachte Insel**. Dort haben sich viele liebenswerte Eigenheiten und Schrullen aus den Gründertagen halten können, etwa das englische Erbe der Australier, die Vorliebe für Kricket oder das Teetrinken.

Doch natürlich hat „The Lucky Country" auch seine Probleme. Die Kultur der Aborigines, eine der ältesten der Welt, mag Touristen faszinieren, farbenprächtige *dot paintings* (Punktmalereien) vieler Aboriginekünstler mögen Wohnzimmer schmücken,

Der Daintree National Park gehört zum Unesco-Welterbe

handgefertigte Wurfhölzer der Ureinwohner durch die Luft schwirren. Doch hinter den schönen Kulissen knirscht es im Gefüge. 2004 kam es in Sydney erstmals zu massiven Rassenunruhen. Aborigines finden nach wie vor nur sehr schwer einen Job oder eine feste Bleibe – weil sich das gutbürgerliche Australien ziemlich einig ist in seinem Urteil über die Ureinwohner und milliardenschwere Sozialprogramme für Aborigines eher Neid geschürt als Arbeitsplätze geschaffen haben.

Australien ist als **junge Nation** gerade erst dabei, den Weg zu sich selbst zu finden. Seit den Olympischen Sommerspielen 2000 in Sydney ertönt die Nationalhymne „Advance Australia Fair" etwas lauter im Land. Eine gradlinige Liebeserklärung an die Nation und den Pioniergeist: „We've golden soil and wealth for toil, our home is girt by sea ..." (wir besitzen goldenen Ackerboden und riesigen Arbeitswillen,

> **Australien ist eine junge Nation**

unsere Heimat wird umspült von der See). Dieser Text stammt nicht etwa aus den Pioniertagen des Landes. Australien bekam erst 1984 eine eigene Hymne – sie löste das britische Nationallied „God Save The Queen" ab.

IM TREND

1 Hingucker

Highlight Nightlife   Australiens Nachtleben ist wirklich äußerst sehenswert. Jede Location präsentiert sich in einem eigenen Licht: Im pompösen *Ruby Rabbit (231 Oxford Street | Sydney) (Foto)* fühlen Sie sich fast royal und in der *Cocoon Bar (195 Swanston Street | Melbourne)* geht es kuschelig zu. Ganz anders in *The Croft Institute (21 Croft Alley | Melbourne)*: Dort warten vergitterte Fenster und ein nüchternes Inneres.

Selfmade Surf

2

Holz und Bambus   Immer mehr Surfer fertigen ihre Bretter selbst. Mittlerweile gibt es dafür sogar schon Treffen, wie den *Wooden Surfboard Day (Currumbin Alley)* an der Gold Coast. Zu deren Stammgästen gehört *Hollow Wooden Surfboards (Mount Eliza)*, die glücklicherweise ihre Bretter auch verkaufen. In regelmäßigen „Tree2Sea"-Workshops lernen auch Sie, wie man ein Öko-Board herstellt *(www.treetosea.org)*. Auf der Internetseite des *Riley Surf Teams (www.balsasurfboardsriley.com.au) (Foto)*, die die Wellen auf Brettern aus Balsaholz bezwingen, gibt es sogar eine Anleitung zum Boardbau für zu Hause.

3 Scheibe trifft Korb

Discgolf   Die Regeln sind schnell erklärt. Das Frisbee muss im Korb landen. Und ab geht es in Perth zum *Rob Hancock Memorial Disc Golf Course (Mulligan Drive | Greenwood)* oder dem *Maze Disc Golf Course (1635 Neaves Road | Bullsbrook)*. Dort lässt der *Perth Disc Golf Club (www.perthdiscgolf.com)* die Scheiben fliegen. Wer sich mit Sydneys *Team* messen will, besucht das Spielfeld im Olympiapark *(short.travel/aus3)*. In Tasmanien spielt es sich malerisch auf dem *Poimena-Reserve-Feld (Wakehurst Road) (Foto)* in Austins Ferry.

Melbournes Docklands

Up & coming   Melbournes Hafen hat sich in kürzester Zeit vom Brachland zur schicken Meile gewandelt. Allein 7 km misst die Promenade mit Cafés, Bars, Kunstlocations und Architekturperlen *(Foto)* – und noch ist das Projekt nicht abgeschlossen. Erkunden Sie das Viertel auf einem *Art Walk*. Wegbeschreibungen gibt es unter *www.docklands.com*. Der Spaziergang lässt sich perfekt mit ein wenig Shopping verbinden. Die größte Auswahl gibt es in der riesigen *Harbour Town Mall (122 Studio Lane)*. Immer sonntags füllen sich die Docklands beim *Sunday Market (10– 17 Uhr | New Quay Promenade | www. docklandssundaymarket.com.au)*. Aber auch nach Einbruch der Dunkelheit wird es hier nicht ruhig. Wie wäre es mit fluoreszierendem Minigolf bei *Black Light Mini Golf (Star Crescent)* mit Blick auf die Skyline?

New Media Art

Kunst   John Tonkin ist einer der führenden New-Media-Künstler Australiens. Für Projekte wie „Strange Weather" sammelt er online Daten, die er entpersonalisiert und visuell darstellt. Die meisten seiner Arbeiten können als Installation gezeigt werden, funktionieren aber auch online *(www.johnt.org)*. Der Performancekünstler *Stelarc (www.stelarc.org)* macht seinen eigenen Körper zum Thema. Seine und weitere zeitgenössische Werke sind in den *Scott Livesey Galleries (909a High Street | Armadale)* in Melbourne zu sehen. Eine weitere Anlaufstelle ist die *Art Gallery NSW (Art Gallery Road | Sydney) (Foto)*, die einen Video- und New-Media-Preis stiftet, der z. B. schon an David Haynes und Joyce Hinterding ging.

FAKTEN, MENSCHEN & NEWS

ABORIGINES

Sie sollen, so neueste Studien, vor 64 000 bis 75 000 Jahren den afrikanischen Kontinent verlassen und den Weg über Asien nach Australien gefunden haben. Somit sind die Aborigines die älteste Kultur außerhalb Afrikas. Und sie blieben isoliert, bis die ersten Weißen Anfang des 17. Jhs. den Kontinent betraten. Zwar genießen Aborigines heute die gleichen Rechte wie Australier anderer Abstammung, diese Gleichberechtigung existiert jedoch vor allem auf dem Papier. So ist etwa die Gesundheitsversorgung in vielen Aboriginegemeinden katastrophal und wird von Experten mit den Verhältnissen in Ländern der Dritten Welt gleichgestellt. Australische Ureinwohner sterben im Durchschnitt sieben Jahre früher als andere Australier. Ignoranz und purer Rassismus vonseiten der Bevölkerungsmehrheit sind für viele Ureinwohner Teil des Alltags. Boulevardmedien zeichnen meist nur ein negatives Bild von den Aborigines und sind ein Grund dafür, dass viele Australier die indigene Minderheit als eine Art Schandfleck sehen. Diese Haltung steht im krassen Gegensatz zu der von Touristen, die sehr oft nach Australien kommen, um eine der ältesten noch bestehenden Kulturen kennenzulernen. Erst 2008 formulierte der amtierende Premierminister Kevin Rudd eine offizielle Entschuldigung, in der er dreimal „sorry" sagte für all das den Aborigines widerfahrene Unrecht, insbesondere für das Leid der sogenannten *stolen generation,* deren Angehörige bis zum

Picknick, Sport und echte Kerle: Wissenswertes zur australischen Kultur und dem modernen Alltag in Downunder

Jahr 1970 als Kinder aus ihren Familien gerissen wurden, um bei Weißen aufzuwachsen. Infos: *www.indigenoustourism. australia.com*

C AMPING & GLAMPING

Die Aussies sind begeisterte Camper. Das hat Tradition: Schon die Pioniere zogen mit einem *swag*, einem voluminösen Schlafsack, durchs Land. Heutzutage trifft man überall junge Leute mit Rucksack an, die ein kleines Zelt dabeihaben oder in der lebhaften Backpackerszene ir-

gendwie sonst preiswert unterkommen. Bei den *grey nomads* gehört Camping zum Lifestyle: Die reiselustigen Rentner tauschen nicht selten ihr Eigenheim gegen Caravan oder Wohnmobil, um den Kontinent im Jahreszeitenrhythmus zu umrunden. Mit *glamping* macht sich zunehmend Komfortcamping im Tourismus breit. Das Angebot reicht von schnuckeligen Zelten oder Hütten bis hin zu luxuriösen Canvasvillen, wie sie *Longitude 131 (Tel. 02 99 18 43 55 | www.longitude131. com.au | €€€)* am Uluru anbietet. Wei-

Schnabeltiere leben in Flüssen und Seen Australiens und Tasmaniens

tere *glamping grounds* unter *www. greengetawaysaustralia.com.au*.

EINWANDERUNG

Wie Kanada und die USA ist auch Australien ein begehrtes Ziel von Einwanderern. Seit 200 Jahren tragen Millionen von Immigranten zur Identität des Landes bei. Heute stammt jeder vierte der 24 Mio. Australier aus einem anderen Land oder hat Eltern, die in Übersee geboren wurden. Ohne Einwanderer gäbe es das moderne Australien nicht. Je nach politischem Klima und wirtschaftlichen Bedürfnissen nimmt Australien pro Jahr zwischen 60 000 und 185 000 Neuankömmlinge auf.

FILM

Das australische Filmgeschäft ist eine Erfolgsgeschichte, auch wenn viele Darsteller wie Nicole Kidman, Cate Blanchett, Russell Crowe oder Mel Gibson nicht in ihrer Heimat, sondern in Hollywood zu Starruhm gelangten. Dass sich auch australische Produktionen inter-

national sehen lassen können, haben Kassenschlager wie „Muriels Hochzeit", „Crocodile Dundee", „Ein Schweinchen namens Babe" oder das epische Drama „Australia" mit Nicole Kidman und Hugh Jackman in den Hauptrollen gezeigt. Australier gehen gern ins Kino. Die Nation gehört zu denen, die pro Kopf die meisten Kinokarten kaufen. Kultstatus haben vor allem Filme errungen, die das entbehrungsreiche Leben im Outback thematisieren oder sich mit sozialen Randgruppen beschäftigen, wie „Priscilla: Königin der Wüste", eine Komödie aus dem Transvestiten-Milieu.

FLORA & FAUNA

Die urzeitliche Flora und Fauna Australiens hat sich dank der Isolation nahezu ungestört entwickeln können. Nach dem Untergang der Dinosaurier setzten sich in anderen Teilen der Welt die Säugetiere durch. In Australien entwickelten sich die Beuteltiere. Kängurus sind nur eine der fast 180 Beuteltierarten. Manche der 40 australischen Känguruarten sind klein wie Kaninchen, andere werden über 2 m groß, wieder andere können sogar auf Bäume klettern.

Australien ist ein Paradies für Reptilien und Insekten. Die meisten sind harmlos, aber einige Spinnen und Schlangen sind hochgiftig. Die seltsamsten Tiere des Kontinents sind die *monotremes*, die Eier legen, aber ihre Jungen säugen. Das Schnabeltier *(Platypus)*, das einem Otter mit Entenschnabel ähnelt, und der Ameisenigel *(Echidna)* sind die einzigen überlebenden Vertreter dieser uralten Säugetierart.

FLYING DOCTORS

Der weltweit erste ärztliche Notfalldienst aus der Luft begann 1928 als *Australian Aerial Medical Service* in der kleinen Stadt Cloncurry in Queensland, nachdem der Presbyterianerpriester John Flynn das Elend der Outbackbewohner gesehen hatte. Weit von ärztlicher Hilfe entfernt starben Menschen an den Folgen von Verletzungen und Krankheiten, die in den Städten leicht zu be-

handeln gewesen wären. Heute verfügt der *Royal Flying Doctor Service (RFDS)* über 21 Basisstationen.

HILFSBEREITSCHAFT

Eine sehr liebenswerte Eigenschaft aus den Pioniertagen konnte in die Neuzeit hinübergerettet werden: Schier grenzenlos ist die Hilfsbereitschaft der Australier, ganz gleich, ob bei einer Reifenpanne im Outback oder Orientierungsverlust in Sydney oder Melbourne. Da werden Termine verschoben, um schnell den Pneu montieren zu können, da werden Karten organisiert, Routen erklärt, und das alles mit einer Geduld und Freundlichkeit, über die Europäer nur staunen können. In solchen Momenten erfährt man, wie groß der Zusammenhalt noch immer ist und dass Solidarität zumindest innerhalb des weißen Australiens zu den Grundwerten gehört.

MATESHIP

Die *mateship* ist ein typisch australisches Phänomen, das auch heute

Die Flying Doctors auf dem Weg zu einem Einsatz im Outback

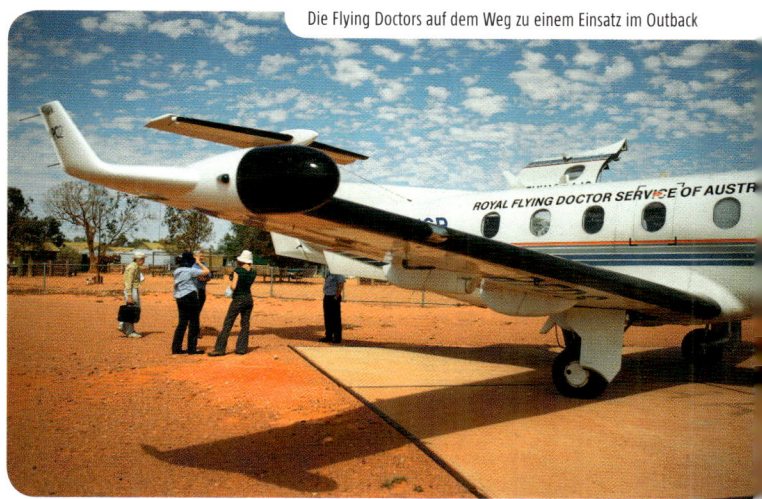

ROYAL FLYING DOCTOR SERVICE OF AUSTR

noch Männer wie Blutsbrüder zusammenhalten lässt. Damals, in der Wildnis des unerforschten Kontinents, hatten nur „echte Kerle" eine Chance. Gemeinsamkeit machte stark, half beim Überleben. Bei geselligen Anlässen sind auch heute noch die meisten australischen Männer lieber unter sich.

MUSIK

Australiens sehr lebendige Musikszene ist mehr als nur Kylie Minogue, jene Popikone, die international für Furore gesorgt hat. Wer die Musikszene Downunder beleuchtet, kommt etwa an Rockgrößen wie AC/DC oder INXS nicht vorbei – oder an Paul Kelly, der auch der Bob Dylan Australiens genannt wird. Wie kein anderer vor ihm erfasst der aus Adelaide stammende Songwriter seit den 1980er-Jahren die australische Seele. Oft machen lokale Pop- und Rockbands wie die aus Brisbane stammenden Powderfinger steile Karrieren, auch Aboriginebands wie Yothu Yindi schaffen es mit ihren oft kritischen Songs, das Publikum zu begeistern.

NATUR- UND UMWELT- SCHUTZ

Standen schon die ersten Entdecker im 18. Jh. im Kampf mit einer überwältigenden, fremden Natur, so hat sich daran bis heute nichts Wesentliches geändert. Mitten im Kakadu National Park rattern, ganz zwanglos, die Bagger auf der Suche nach Uran und Gold; das Great Barrier Reef konnte nur mit Mühe und Not davor bewahrt werden, von Erdölgesellschaften angebohrt zu werden. Aber auch der ausufernde Touristenrummel trägt seinen Teil zur Umweltschädigung bei. Doch *greenies*, wie Umweltaktivisten in Australien genannt werden, gelten bei der Bevölkerung längst nicht mehr als Spinner. Ein Umdenken hat eingesetzt:

Eco (für ökologisch) wird heute als Qualitätssiegel gewertet, nicht nur bei touristischen Einrichtungen. Als nach europäischem Vorbild 2012 eine CO_2-Steuer zugunsten des Klimaschutzes eingeführt wurde, mussten emissionsintensive Unternehmen, wie Aluminiumhütten und Elektrizitätserzeuger, über 25 A$ pro Tonne ausgestoßenes Kohlendioxid zahlen. Aber bereits zwei Jahre später machte die regierende Koalition aus Liberalen und Konservativen (National) unter Ministerpräsident Tony Abbott eine Rolle rückwärts und schaffte die Klimasteuer ab, angeblich um Haushalte und Kleinunternehmer finanziell zu entlasten. Dass längst kein prima Klima mehr herrscht, lassen allerdings die sich häufenden Wetterextreme auf dem Kontinent befürchten: Anhaltende Unwetter setzen immer wieder Regionen in Queensland unter Wasser, und New South Wales, Victoria und Tasmanien fürchten verheerende Buschbrände während der langen, heißen Dürreperioden. Sorgen bereitet den Umweltschützern auch die Landwirtschaft, die vor allem im Südosten in weiten Teilen nicht ohne künstliche Bewässerung auskommt. Dort versalzen zunehmend die Böden, droht der trockenste Kontinent zu verdursten – ein Horrorszenario!

PICKNICK

Picknicks sind eine australische Leidenschaft. In fast allen Parks und auf den Rastplätzen entlang der Highways stehen dafür schattige Bänke und Tische, Wasser und Grillplätze zur Verfügung. Picknicks werden zu jeder sich bietenden Gelegenheit veranstaltet: mit Kerzenlicht, Porzellan und ausgebreiteten Tischdecken vor Konzert- oder Theaterveranstaltungen, weniger vornehm am Strand, an Sonn- und Feiertagen oder vor Sportereignissen.

Beliebte Alternative zum Restaurantbesuch: ein Picknick im Park

REGIERUNGSSYSTEM

Grundsätzlich folgt das australische System dem Modell Großbritanniens und Nordamerikas. Daneben hat es auch eigene Merkmale. Die Regierung setzt sich aus Mitgliedern eines vom Volk gewählten Parlaments mit zwei Kammern zusammen, dem Repräsentantenhaus *(House of Representatives)* und dem Senat *(Senate)*. Regierung und Parlament haben ihren Sitz in Canberra. Die Partei oder Koalition, die im Repräsentantenhaus die Mehrheit genießt, stellt die Regierung. Das Staatsoberhaupt, Königin Elisabeth II., ernennt auf Vorschlag der Regierung einen Generalgouverneur als ihren Vertreter. Dieser gibt dann den Ministern den Segen, die ihm vom Premierminister vorgeschlagen werden.

SPORT

Sportbegeisterung äußert sich aktiv wie passiv. Und manchmal ganz schön ruppig, wenn beim sogenannten **INSIDER TIPP** *footy* 36 Spieler mit vollem Körpereinsatz um einen eiförmigen Ball ringen. Nur etwas weniger handgreiflich geht es beim Rugby zu, während Kricket traditionell britisch zum *fair play* verpflichtet. Fußball heißt Downunder *soccer* und erfreut sich zunehmender Popularität, seit australische Mannschaften bei internationalen Turnieren respektable Leistungen erbringen. Geht man übrigens danach, wie viele Mitglieder in Vereinen angemeldet sind, ist der liebste Sport der Australier Tennis.

TALL POPPIES

Auf Arroganz und Anmaßung reagieren Australier empfindlich. *Tall poppy syndrome* nennen sie es, wenn Prominente zu viel Wirbel um die eigene Person machen – sei es durch eine aufgeregte Schar von Leibwächtern, sei es, etwa in der Politik, durch zu große Distanz vom Volk. Abgehobene Großkopferte, also *tall poppies*, muss man nach Meinung vieler wieder auf den Boden der Tatsachen zurückbringen.

ESSEN & TRINKEN

Australien ist ein Paradies für die Liebhaber einer frischen, leichten und abwechslungsreichen Küche: Einwanderer aus aller Welt haben ihre Esskultur mit nach Downunder gebracht. Dank der klimatischen Vielfalt des Kontinents können sie ihre heimischen Gemüse, Früchte und Getreide auch hier anbauen.

Auf den Märkten und in den zahlreichen kleinen Geschäften der australischen Großstädte gibt es ein überwältigendes Angebot an frischen Salaten, exotischen Gemüsesorten und herrlichem Obst. Alles kommt aus Australien – saftige, duftende Mangos genauso wie süße Ananas, Bananen und Kokosnüsse aus dem tropischen Norden, aromatische Pfirsiche, Passionsfrüchte, Melonen, Litschis und Zitrusfrüchte aus Victoria und New South Wales, Äpfel und Birnen aus Tasmanien, feine Trauben aus Südaustralien – um nur einige Beispiele zu nennen. Hinzu kommen zahlreiche asiatische Blattgemüse, zarte Brokkolini, nussig schmeckende Avocados, süße Kartoffeln und nicht zuletzt eine Riesenauswahl frischer Kräuter und Gewürze. Dazu gibt es *Fleisch von frei grasenden Rindern und Schafen* – oder von Kängurus, Emus und Krokodilen. Die großen Fischmärkte bieten den Reichtum der Meere, Flüsse und Seen des riesigen Inselkontinents: Da gibt es weißfleischige, saftige Barramundi aus den Brackgewässern des Nordens und John-Dory-Filets aus der Tiefe der See, feinen, frischen Thunfisch, orangeroten Lachs, köstliche Riesenkrabben, Austern und andere Muscheln.

Die neue australische Küche ist eine gelungene Mischung leichter mediterraner Speisen mit asiatischen Einflüssen

Im abgelegenen Outback werden die kulinarischen Lichtblicke allerdings seltener. Dort isst man oft noch „traditionell australisch". Einwanderer, die in den 1950er- und 60er-Jahren nach Australien kamen, erinnern sich mit Grausen an diese aus England stammende Küche: phantasielose Fleischpasteten *(pies)*, Steaks und Koteletts mit weichem, wässrigem Gemüse. Salate, die aus ein paar grünen Blättern und einer Tomate bestanden. Die einzige Abwechslung war das örtliche *Chinese-Australian restaurant*, das Reis mit Erbsen und Möhren und Schweinefleisch in knallroter, süßsaurer Sauce aus der Flasche anbot. Das beste Essen gab es beim traditionellen Barbecue, dem Grillabend mit riesigen, verkohlten Stücken Fleisch, verbrannten Zwiebelringen, Ketchup und Weißbrot.

Heute kann man in vielen Vierteln der australischen Großstädte *authentische Küche aus der ganzen Welt* genießen: Vietnamesische Suppenküchen liegen neben norditalienischen Pastarestaurants, feine französische Bistros neben

SPEZIALITÄTEN

Barbecued Prawns – marinierte australische Riesenkrabben, auf dem Grill zubereitet

Barramundi Fillets with Macadamianuts – das köstliche weiße Fleisch des Barramundi wird leicht mit gehackten Macadamianüssen paniert, dazu gibt's einen Salat

Kangarooburger with Beetroot – fettarmes Kängurufleisch in Hamburgerbrötchen mit Roter Bete

Leg of Lamb with roasted Vegies – Lammkeule aus dem Ofen, mit Knoblauch, Rosmarin und Honig gewürzt; dazu gibt's Kartoffeln, Möhren, Rüben und Kürbisstücke

Meat Pies – kleine Pasteten mit einer oft unsäglichen Mischung aus unidentifizierbarem Fleisch und tomatiger Sauce (Foto li.). Britisches Erbe. Wird traditionell bei Fußballspielen serviert

Pavlova – köstliche frische Beeren, Pfirsiche, Kiwis und das Innere der Passionsfrucht krönen eine Schöpfung aus federleichter Eiweißmeringue und frischer Sahne (Foto re.)

Tasmanian Salmon with Bok Choy and Chilli Jam – tasmanischer Lachs mit gedünstetem Pak Choy und einer Sauce aus frischem Chili, Ingwer, braunem Zucker, Essig und dem Saft einer Limette

Wattleseed Damper – im Erdofen gebackenes Brot mit den nussigen Samen des *wattle tree*, warm mit schmelzender Butter und Honig serviert

Witchetty Grub – eine bis zu 10 cm lange, fingerdicke Made, die in den Wurzeln der Akazienbäume lebt. Traditionelle Nahrung der Wüstenaborigines. Wird roh oder in Asche geröstet gegessen und schmeckt wie eine Mischung aus Nuss und hart gekochtem Ei

Yum Cha – Auswahl kleiner chinesischer Spezialitäten wie Teigtaschen mit Krabben und frischen Kräutern, Klöße mit gerösteter Rindfleischfüllung oder gedünstete chinesische Gemüse

südindischen Imbissstuben, griechische Tavernen neben libanesischen Spezialitätenrestaurants. Daneben haben sich Restaurants entwickelt, die moderne australische Küche anbieten – eine fröhliche Mixtur vorwiegend mediterraner Speisen mit starken asiatischen Einflüssen. Einige Restaurants verwenden auch einheimische Feigen, Buschtomaten, süße Samen und Blüten aus dem australischen Busch, die zur traditionellen Nahrung der Aborigines gehören. Das fettarme Kängurufleisch, das geschmacklich zwischen Rind und Wild liegt, wird vor allem Feinschmeckern und Touristen angeboten.

Die durchschnittliche australische Hausfrau tischt heute mehr als nur den traditionellen Lammbraten auf: knackig frisches chinesisches *stir-fry* aus dem Wok, thailändische Suppen mit Kokosnussmilch, griechische Moussaka oder selbst gemachte Pasta. Selbst **das alte australische Barbecue** ist oft nicht mehr das, was es mal war: Fleischstücke werden in exotischen Saucen mariniert oder auf Spieße gesteckt und nur leicht angebraten. Daneben brutzeln eingelegte Krabbenschwänze und Fisch in Alufolie. Dazu gibt es Salate, Dips und italienisches oder türkisches Brot.

Man trinkt eiskaltes Bier, das in Geschmack und Würze europäischen Bieren etwas nachhinkt. Das gilt allerdings nicht für die teils exzellenten Biere diverser kleiner Boutiquebrauereien. **Bestens sind australische Weine:** erdige, trockene rote, frische weiße – sie zählen zur Weltklasse. Deutsche und italienische Einwanderer brachten die ersten guten Weinreben mit nach Australien. Heute werden australische Weine in die ganze Welt exportiert. In einigen australischen Restaurants kann, in wenigen muss man alkoholische Getränke selber mitbringen: *Bring your own* oder *BYO* heißt es an der Eingangstür. Man kauft die Getränke in benachbarten *bottleshops*, die oft Pubs angeschlossen sind. Die Restaurants öffnen und kühlen die Flaschen und berechnen dafür eine Gebühr, die *corcage (ca. 5–8 A$ pro Flasche)*.

Kaffee ist in Australien zu einem echten Genuss geworden. Den italienischen Einwanderern sei Dank, die schon früh ihre auf Hochglanz polierten Espressoma-

schinen aus der Heimat importiert hatten. Inzwischen haben die Aussies ihre ganz eigene Kaffeekultur entwickelt. Wer einen *short black* bestellt, erhält einen einfachen Espresso. *Long black* meint

Steht bei Kennern hoch im Kurs: Wein aus dem Barossa

zwei Drittel Wasser auf ein Drittel Espresso. Und ausgesprochen populär und so etwas wie eine australisch-neuseeländische Erfindung ist der *flat white*: ein Drittel Espresso wird aufgefüllt mit zwei Dritteln heißer, jedoch keinesfalls aufgeschäumter Milch, also nicht zu verwechseln mit *latte* (Milchkaffee) oder Cappuccino.

EINKAUFEN

Australien hat sich in den letzten 30 Jahren von einer Einkaufswüste zu einem Shoppingparadies gewandelt. Zumindest in den größeren Städten gibt es alles, landestypische Mitbringsel hält selbst der entlegenste Ort im Outback vorrätig. Allein das von den Airlines auf 20–30 kg beschränkte Fluggepäck in der Economy Class verbietet exzessives Shopping. Wer dennoch nicht widerstehen kann – insbesondere bei weniger handlichen Souvenirs – sollte den Versandservice zahlreicher Einzelhandelsgeschäfte in Anspruch nehmen. Wer seine Errungenschaften eigenhändig ausführt, kann die 10 Prozent Mehrwertsteuer zurückerhalten. Voraussetzung: Sie haben bis 60 Tage vor Abflug in einem oder mehreren Geschäften Waren im Wert von über 300 A$ erstanden und legen diese dem Zoll (TRS-Schalter/Customs and Border Protection Client Services Counter) vor der Abgabe des Gepäcks bei der Ausreise samt Rechnung vor. Ausführliche Infos (auch eine Broschüre in deutscher Sprache) gibt es unter *www.customs.gov.au* (Tourist Refund Scheme).

Unter der Woche sind die Geschäfte in der Regel zwischen 9 und 17.30 Uhr geöffnet. In den Großstädten halten lange Donnerstage die Konsumfreude bis 21 Uhr auf Trab. Samstags schließt der Einzelhandel spätestens um 17 Uhr, sonntags laden die Einkaufszentren der Großstädte zwischen 10 und 16 Uhr zum Shoppen ein. Tipp für Liebhaber von Märkten: Eine komplette Übersicht mit Suchmaschine finden Sie auf *www. marketsonline.com.au*.

ABORIGINALKUNST

Es wird viel Massenware angeboten, bei der kein einziger Ureinwohner je eine Hand im Spiel gehabt hat. Egal ob Rindenmalereien, Holzskulpturen, Bumerangs (Wurfgeräte), *clap sticks* oder Didgeridoos (beides Musikinstrumente). Allerdings ist echte, womöglich künstlerische Handarbeit für den Laien nur schwer zu erkennen. Vertrauen Sie also den eingetragenen Aboriginal Art Galleries oder Aboriginal Cultural Centres, z. B. am Uluru (Ayers Rock). Und achten Sie auf ein „Label of Authenticity", dessen Registrierungsnummer den jeweiligen Künstler ausweist.

EDELSTEINE UND PERLEN

Bei Broome, im Norden von Western Australia, werden edle Zuchtperlen in den

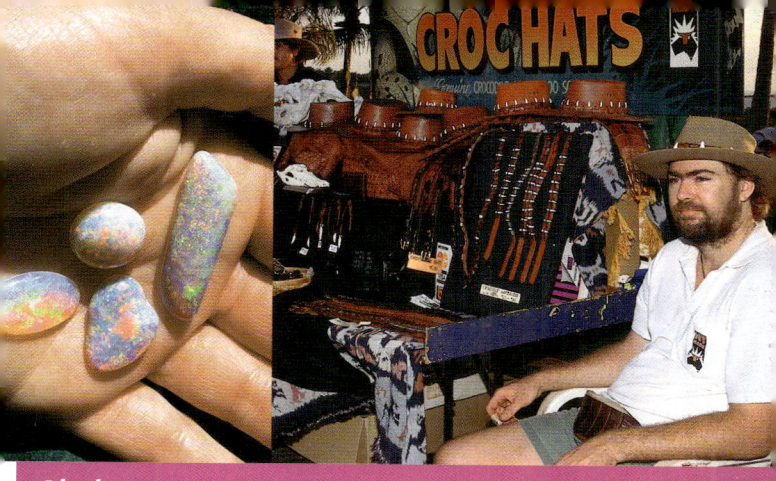

Akubras, Bumerangs und Didgeridoos: Typisch australische Souvenirs bekommen Sie fast überall

Küstengewässern geerntet, während im Innern des Kontinents wertvolle Saphire und Opale geschürft werden. Die besten Preise gibt es vor Ort, z. B. in Coober Pedy. Die Juweliergeschäfte in den großen Städten halten mit aparten Fassungen dagegen. Wer sich traut, kauft einen ungeschliffenen Stein oder eine ungefasste Perle und lässt die Kostbarkeit daheim beim Goldschmied des Vertrauens in modische Form bringen. Kleine Opalkunde: Die blassen Steine kosten am wenigsten, die in allen möglichen Farben glitzernden sind am teuersten.

OUTDOORKLEIDUNG

Akubra („„Kopfbedeckung" in der Sprache der Aborigines) heißt der traditionelle australische Hut, der aus feinsten Kaninchenhaaren – nur das weiche Unterfell der Tiere wird dafür verwendet – gepresst wird. Die breitkrempige Kopfbedeckung schützt vor sengender Sonne ebenso wie vor Regengüssen und Sand-

stürmen und sollte deshalb gleich zu Beginn der Reise gekauft werden. Man bekommt sie in vielen Formen, am besten in Hutläden oder bei Outdoorausstattern wie R. M. Williams. Hochwertige *akubras* – und nur die sind australientauglich – haben allerdings ihren Preis. Das Gleiche gilt für *drizabones*, wie die gewachsten Mäntel genannt werden, mit denen die Viehhirten im Outback der Witterung trotzen. Oder für knöchelhohe Lederboots, in denen die Füße in unwegsamem Terrain bestens aufgehoben sind.

KROKODILLEDER

Gürtel, Taschen, Geldbörsen oder Stiefel: Produkte der in Farmen gezüchteten Tiere machen beim heimatlichen Zoll keine Probleme, wenn man entsprechende Zertifikate vorweisen kann. Die Ausfuhr von Känguru- oder Possumfellen ist ebenfalls erlaubt. Ganz im Gegensatz zu Korallen oder geschützten Muschelarten, die als Mitbringsel tabu sind.

SYDNEY

KARTE IM HINTEREN UMSCHLAG
(189 E5–6) (*∅ J6*) **Das wei-ße Muscheldach der Oper gleißt in der strahlenden Sonne vor den Palmen des botanischen Gartens.**

Segelboote und Fähren durchschneiden die blauen Wogen des Hafens mit dem stählernen Bogen der Hafenbrücke. Dies ist das Herz der knapp Fünf-Millionen-Stadt, einer lebhaften, multikulturellen Metropole und Hauptstadt des ältesten australischen Staats New South Wales. *Sydney* ist eine Flächenstadt: Sie zieht sich über 100 km an der Küste entlang und breitet sich fast 70 km in Richtung Inland aus. Der Nahverkehr ist gut ausgebaut, die wichtigsten Sehenswürdigkeiten erreichen Sie mit dem Explorer Bus *(www.theaustralianexplorer.com.au).*

SEHENSWER-TES

AQUARIUM ● (U A4–5) (*∅ a4–5*)
In Plastiktunneln wandern Sie durch den Ozean. Überwältigend: das künstliche Barrier Reef mit tropischen Fischen und klassischer Musik. *Tgl. 9.30–19 Uhr | ab 28 A$ (online) | Aquarium Pier | Darling Harbour | www.sydneyaquarium.com.au | City Rail Town Hall | Fähre Aquarium Pier | Sydney Explorer Bus Stop 22*

ART GALLERY OF NEW SOUTH WALES ★ (0) (*∅ 0*)
Das Haus beherbergt Werke australischer und internationaler Künstler, u. a. die im-

Kultur, Wolkenkratzer und Strände: Sydney ist für viele, Einheimische wie Besucher, die schönste Hafenstadt der Welt

CITY **WOHIN ZUERST?**

Idealer Ausgangspunkt ist **Circular Quay (U B–C2)** *(♍ b–c2)* an der Sydney Cove, wo sich Bahnhof und Busterminal befinden. Die meisten Sehenswürdigkeiten liegen in Gehweite. Mit dem Auto in die Stadt zu fahren ist nicht ratsam. Steigen Sie in die City Rail und an einer der Cityhaltestellen (Wynyard, Townhall, Central) wieder aus.

pressionistischen Gemälde der australischen Heidelberg School und *Yiribana*, die weltweit größte ständige Ausstellung von Aborigineskunst. *Tgl. 10–17 Uhr | Eintritt frei, Führungen um 11, 12, 13, 14 Uhr in verschiedenen Galerien | Art Gallery Road | The Domain | www.artgallery. nsw.gov.au | Bus 441 Art Gallery*

INSIDER TIPP **AUSTRALIAN MUSEUM** ●
(U C5) *(♍ c5)*
Fleischfressende Riesenkängurus, Monsterwombats und mit messerscharfen

Zähnen bewehrte Dinosaurier – Sydneys naturhistorisches Museum gibt einen engagierten und oft humorvollen Einblick in die frühe Entstehungsgeschichte des

fen segeln. *Tgl. 9.30–17 Uhr | Dauerausstellung 7 A$, Big Ticket 27 A$ | 2 Murray Street | www.anmm.gov.au | Bus 443/ Fähre/Light Rail Pyrmont Bay*

Ineinandergeschachtelte Kuben bilden den Erweiterungsbau des Museum of Contemporary Art

australischen Kontinents und der darauf lebenden Menschen und Tiere. *Tgl. 9.30–17 Uhr | 15 A$ | 6 College Street | www.amonline.net.au | Light Rail Town Hall, zu Fuß über die Park Street*

AUSTRALIAN NATIONAL MARITIME MUSEUM (U A4) (📖 a4)
Das nationale australische Seefahrtsmuseum liegt direkt am Wasser, an einem Hafenbecken des Darling Harbour. Die Ausstellung hebt die Bedeutung des Meers und der Seefahrt für die Bewohner des kleinsten Kontinents hervor. Auf einem *tall ship (ab 49 A$/90 Min. | Tel. 013 00 66 44 10 | www.sydneytallships. com.au)*, z. B. dem Dreimastsegler „Southern Swan" oder dem Zweimaster „Soren Larsen", können Sie im Anschluss ab Cambells Cove/The Rocks durch den Ha-

CIRCULAR QUAY ⭐
(U B–C2) (📖 b–c2)
Hier legen alle Fähren an – mit schneller Verbindung zur Bahn und dem Busbahnhof. Die breite Hafenpromenade am Circular Quay führt von den Rocks bis zum Opernhaus. Ein einmaliges Erlebnis, das ganz neue Blicke auf die Stadt beschert, ist eine Hafenrundfahrt **INSIDER TIPP** in einem Seekajak, als geführte Tour zu buchen bei *Sydney Harbour Kayaks (79 A$ | www.sydneyharbourkayaks.com.au)*, *Captain Cook Cruises (tgl. 9.30–20 Uhr | ab 60 A$ | No. 6 Jetty | Tel. 02 92 06 11 22 | www.captaincook.com.au)* veranstaltet Hafentouren mit Lunch/Dinner.

DARLING HARBOUR (U A4) (📖 a4)
Der einstige Industriehafen von Sydney ist heute ein attraktives Vergnügungszen-

trum. Regelmäßig an den Wochenenden finden hier auf mehreren Freilichtbühnen Aufführungen statt. *Light Rail bis Darling Harbour Wharf oder Matilda Rocket Explorer (ab Circular Quay alle 45 Min. ab 9.55 Uhr | www.matilda.com.au)*

HARBOUR BRIDGE ⭐ (U B1) (🗺 b1)

Früher konnte man die 1932 eröffnete Sydney Harbour Bridge nur von Weitem besichtigen – seit 1998 kann man sie besteigen. Die Dreieinhalbstundentour ist eine der Hauptattraktionen von Sydney und oft Tage im Voraus ausgebucht, Kameras dürfen nicht mitgenommen werden. Über Stahlleitern, stählerne Brücken und Treppen können Sie bis zum höchsten Punkt des Brückenbogens (134 m) klettern: *Bridge Climb (ab 218 A$ | 5 Cumberland Street | The Rocks | Tel. 02 82 74 77 77 | www.bridgeclimb. com).* Die preiswerte, wenn auch weniger spektakuläre Alternative ist der Besuch des *Pylon Lookout* (s. S. 42). *Bus/ City Rail/Fähre Circular Quay, zu Fuß durch The Rocks bis zur Cumberland Street*

INSIDER TIPP ▶ JUSTICE & POLICE MUSEUM (U C2) (🗺 c2)

Spannender und bisweilen gruseliger Einblick in die Geschichte und Geschichten der Gangster und Ganoven in und um Sydney. Ein restaurierter Schnellgerichtsraum, einige Ausnüchterungszellen und eine Sammlung von Mordwaffen, aber auch Hinterlassenschaften der legendären Ned-Kelly-Gang zählen zu den Highlights. *Jan. tgl. 10–17, Feb.–Dez. Sa, So 10–17 Uhr | 11 A$ | Albert Street/Phillip Street | short.travel/aus4 | Bus/City Rail/ Fähre Circular Quay*

MUSEUM OF CONTEMPORARY ART ● (U B2) (🗺 b2)

Andy Warhol ist in der Ausstellung vertreten, ebenso wie Christo und andere bedeutende zeitgenössische Künstler aus aller Welt. Ausgefallenes verkauft der kleine Museumsladen, Schmackhaftes serviert das MCA-Café. *Tgl. 10–17, Do bis 21 Uhr | Eintritt frei | 140 George Street | The Rocks | www.mca.com.au | Bus/City Rail/Fähre Circular Quay*

⭐ **Art Gallery of New South Wales**
Hier bekommen Sie Einblicke in die Kunst der Aborigines → S. 32

⭐ **Circular Quay**
Verkehrsknotenpunkt mit breiter Promenade, Restaurants, Cafés und Hafentouren → S. 34

⭐ **Harbour Bridge**
Über Stahltreppen und Leitern aufs Wahrzeichen der Stadt → S. 35

⭐ **Opera House**
Revolutionäres Design vom dänischen Architekten für das kulturelle Zentrum Sydneys → S. 36

⭐ **The Rocks**
Historische Pubs, alte Warenhäuser, tolle Shops → S. 36

⭐ **Royal Botanic Gardens**
Erleben Sie seltene Pflanzen, Sportveranstaltungen, Konzerte und Fledermäuse in Melbournes grüner Lunge → S. 36

⭐ **Bondi Beach**
Australiens berühmtester Strand → S. 40

⭐ **Blue Mountains National Park**
Tiefe Wildnis unweit des Stadtrands → S. 42

MARCO POLO HIGHLIGHTS

SEHENSWERTES

OPERA HOUSE ⭐ (U C1) (🗺 c1)

Das schimmernde Muscheldach des Opernhauses direkt am Hafen ist das Wahrzeichen der Stadt Sydney. Mit dem revolutionären Design des Gebäudes gewann der dänische Architekt Jörn Utzon einen Architekturpreis – und das Recht, die Oper in Sydney zu bauen. Nach sieben Jahren Ärger mit australischen Bürokraten, denen das Projekt zu teuer wurde, gab Utzon auf. Sein Werk wurde erst nach 14 Jahren Bauzeit vollendet – mithilfe einer Lotterie, die das notwendige Geld einbrachte. Die Oper beherbergt die Opernbühne, einen Konzertsaal und ein Theater. *Führungen tgl. 9–17 Uhr | 37 A$ | Bennelong Point | www.sydneyoperahouse.com | Bus/City Rail/Fähre Circular Quay, zu Fuß entlang Circular Quay East*

THE ROCKS ⭐ (U B2) (🗺 b2)

Die Rocks am westlichen Ende des Circular Quay sind der älteste Teil von Sydney. 1788 errichteten Sträflinge auf dem felsigen Untergrund die ersten richtigen Bauten der Stadt. Die Sandsteingebäude, die heute den Kai und die engen Pflastersteinstraßen säumen, stammen von Anfang oder Mitte des 19. Jhs. In den 1970er-Jahren sollten die historischen Gebäude Wolkenkratzern weichen. Die Bauarbeitergewerkschaft weigerte sich jedoch, die Häuser abzureißen. Damals schickte der Staat die Polizei – heute stehen die Rocks unter Denkmalschutz. Die unmittelbare Nähe zum Circular Quay und die vielen Kneipen und Restaurants haben aus den Rocks mittlerweile ein sehr beliebtes touristisches Viertel gemacht, gut besucht ist am Wochenende der Freiluftmarkt. An vergangene Zeiten erinnert das hübsche *Rocks Discovery Museum (tgl. 10–17 Uhr | Eintritt frei | 2–8 Kendall Lane | www.rocksdiscoverymuseum.com)*. Lebendige Geschichte vermitteln die 90-minütigen INSIDER TIPP *Rocks Walking Tours (tgl. 10.30, 13.30 Uhr | 25 A$ | 23 Playfair Street | Tel. 02 92 47 66 78 | www.rockswalkingtours.com.au). www.therocks.com.au | Bus/City Rail/Fähre Circular Quay*

ROYAL BOTANIC GARDENS ⭐ (U C2–3) (🗺 c2–3)

Die botanischen Gärten von Sydney liegen an der schönsten Hafenbucht der Stadt – nicht weit vom Opernhaus entfernt. Einst wurden dort die Felder der ersten Farm der Sträflingskolonie bestellt. 1816 wurde der erste Teil des Gartens angelegt, der vor allem australische Bäume und Pflanzen präsentiert.

Ein gepflegter Weg führt vom Opernhaus am Wasser entlang bis zu  *Lady Macquarie's Chair*, einem in Fels gehauenen Sitz. Die Frau des Gouverneurs Macquarie sah sich von dort das Treiben im Hafen von Sydney an. Interessant: ein kühler Palmenhain mit zahlreichen Flughunden, der große Kräutergarten und das gläserne Tropenhaus. *Tgl. 7–20, März–Okt. bis 18.30 Uhr | www.rbgsyd. nsw.gov.au | City Rail Circular Quay, Martin Place oder St. James*

SYDNEY TOWER EYE ●
(U B–C4) (ℳ b–c4)
Das *Oberservation Deck (28 A$)* ist eine Möglichkeit, Sydney von oben zu sehen.

Abenteuerlich wird es, wenn Sie sich auf den etwa eineinhalbstündigen *Skywalk (tgl. 9–22.30, letzter Einlass 21.30 Uhr | ab 68 A$ | Tel. 02 93 33 92 00 | www. skywalk.com.au)* begeben, denn der Plattformboden in 268 m Höhe ist gläsern! Das 360-Grad-Panorama ist grandios, ein Audioguide in deutscher Sprache liefert Erklärungen. Tolle Blicke genießt man im sich drehenden *Sydney Tower Buffet (Tel. 02 82 23 38 00 | www. sydneytowerbuffet.com.au | €€€)*. Zu Füßen des Turms befindet sich das *Westfield Shopping Centre. Pitt Street/Market Street, Centrepoint Shopping Complex | www.sydneytowereye.com.au | City Rail/ Bus St James*

Wahrscheinlich das bekannteste Bauwerk Sydneys: das Opera House

SEHENSWERTES

TARONGA ZOO (0) (*□ 0*)
Hervorragende Sammlung australischer Tiere. Besonders schön: das Nachthaus, die tägliche *Seal Show* geretteter Seelöwen und die Freiflugshow australischer Vögel. *Tgl. 9–17 Uhr | 46 A$ | Head Road | Bradleys | www.taronga.org.au | Fähre ab Circular Quay (kostenlos in Verbindung mit Zooticket, Infos im Visitor Centre)*

ESSEN & TRINKEN

Die meisten und vor allem auch gute Restaurants finden Sie rund um Circular Quay und in Darling Harbour (*Cockle Bay Wharf* und *Kings Street Wharf*). Etwas außerhalb der Innenstadt werden Sie fündig an der *Oxford Street* in Darlinghurst und an der *Bayswater Road* bzw. *Macleay Street* in Kings Cross und Potts Point. Wenn Sie Meeresfrüchte mögen, versäumen Sie es nicht, mittags zum **INSIDER TIPP** *Sydney Fish Market* (*Pyrmont Bridge Road/Bank Street | Light Rail Fish Market*) zu gehen und mit frischen Garnelen und Austern einen delikaten Lunch am Wasser zu genießen.

INSIDER TIPP BAMBINI TRUST CAFÉ (U C3) (*□ c3*)
Essen und Ambiente vom Feinsten, der Kaffee wird aus Italien eingeflogen. Tipp: einen *Coffee/Latte to go* ordern und im benachbarten Albert Park genießen. *Sa nur abends, So geschl. | 185 Elizabeth Street | City Rail Martin Place*

BRIDGE ROOM (U C3) (*□ c3*)
Keine Fine-Dining-Atmosphäre, aber stilvoll. Die Spezialität sind ausgefallene Fisch- und Meeresfrüchtegerichte wie *Fraser Island spanner crab* (Krabbenart aus den australischen Küstengewässern). *Mo geschl., Sa nur abends | 44 Bridge Street | Tel. 02 92 47 70 09 | www.thebridgeroom.com.au | €€€ | Bus 555 Loftus Street*

IL BARETTO (0) (*□ 0*)
Preisgünstig und doch sehr gut – so ein Lokal kommt bei den Sydneysidern an, weswegen hier zu allen Tageszeiten enormer Betrieb herrscht. Serviert werden Spezialitäten aus Norditalien, aber auch herzhafte Pasti und Pizzen. *So geschl. | 496 Bourke Street | Tel. 02 93 61 61 63 | €–€€ | Bus 389 Darlinghurst (Stanley Street)*

HARRY'S CAFÉ DE WHEELS (0) (*□ 0*)
Nicht gerade eine Adresse für Gourmets: Bei Harry's gibt es seit Jahrzehnten *pies*, die undefinierbaren australischen Fleischtörtchen, in vielen Variationen. *Tgl. ab 8.30 Uhr | Cowper Wharf Road | Tel. 02 93 57 30 74 | € | Bus 311 Potts Point*

MANTA (0) (*□ 0*)
Die Räumlichkeiten sind eher schlicht – schwarze Holztischchen und weiße Wände mit nur wenigen Bildern. Und das ist Programm: Die frischen Austern werden ebenso schnörkellos serviert wie der Tintenfisch auf arabische Art. *Tgl. | The Wharf at Woolloomooloo | Cowper Wharf Road | Tel. 02 93 32 38 22 | €€€ | Bus 311 Potts Point*

OPERA KITCHEN (U C1) (*□ c1*)
Der prominente Platz am *Opera House* ist wie geschaffen dafür, an einem lauen Sommerabend draußen zu speisen, z. B. asiatisch inspirierte Speisen, die aus besten Rohprodukten hergestellt werden. Zum Sundowner ist die angeschlossene Openairbar sehr beliebt. *Tgl. ab 7.30 Uhr | Lower Concourse Level | Bennelong Point | www.operakitchen.com.au | €–€€ | Bus/City Rail/Fähre Circular Quay*

INSIDER TIPP SAILORS THAI CANTEEN (U B2) (*□ b2*)
Laut, lecker und kommunikativ: Alle Gäste nehmen an einem (langen) Tisch

Platz, um sich die sehr authentische Thaiküche schmecken zu lassen. *Tgl. abends, Mo–Fr auch mittags | 106 George Street | The Rocks | Tel. 02 92 51 24 66 | €€ | Bus/City Rail/Fähre Circular Quay, zu Fuß über George Street*

samstags rund um die St John's Church auch der weitaus populärste Markt der Stadt statt *(www.paddingtonmarkets.com.au).* Authentische Aboriginalkunst verkaufen *Hogarth Galleries Aboriginal Art* (0) *(D 0) (7 Walker Lane | Padding-*

Auf dem samstäglichen Markt in Paddington werden auch Schmuckliebhaber fündig

EINKAUFEN

Die prachtvollen Sandsteinbauten der *Strand Arcade* (U B4) *(D b4) (255 Pitt Street | Light Rail Town Hall)* und des ● *Queen Victoria Building* (U B5) *(D b5) (455 George Street | Light Rail Town Hall)* beherbergen schicke Boutiquen, Designergeschäfte und Teesalons. Schrille Mode finden Sie besonders an der *King Street* (U B4–5) *(D b4–5) (Bus 422 Newtown)* in Newtown und auf der *Glebe Point Road* (0) *(D 0) (Bus 433 near Hereford Street)* im Studentenviertel Glebe. Einige australische Topdesigner haben Boutiquen an der *Oxford Street* (U C6) *(D c6) (Bus 333 Darlinghurst Road)* in Paddington. Dort findet jeweils

ton | Bus 389 MacDonald Avenue) und *The Aboriginal & Tribal Art Centre* (U B3) *(D b3) (117 George Street | Bus/Light Rail/Fähre Circular Quay).*

FREIZEIT & SPORT

Die Großstadt können Sie auch zu Fuß gut hinter sich lassen. Z. B. auf dem *Federation Cliff Walk,* einem 3 km langen Wanderweg entlang der Küste, zwischen den östlichen Wohnvierteln Vaucluse Dover Heights und vorbei an Sandsteinklippen in der Diamond Bay. Weiter südlich dringen ausdauernde Wanderer vor, die dem Pfad nach Bondi folgen und dann noch fit genug sind für den 6 km langen *Coastal Walk* bis Coogee.

SEHENSWERTES

STRÄNDE

Die über 30 Strände Sydneys ziehen sich fast 100 km die Küste entlang. ★ *Bondi Beach*, der berühmteste und mittlerweile auf der National Heritage List stehende, ist wie die anderen genannten Strände mit dem Bus zu erreichen *(www.transportnsw.info)*. *Tamarama, Bronte*

Lord Nelson steht für Bier und Musik

und *Clovelly Beach* sind weniger turbulent. *Coogee Beach* ist ein hübscher Familienstrand mit Hotels, Restaurants und Cafés. Einige Strände verfügen auch über *Rock Pools,* in denen es sich herrlich relaxen lässt, z. B. in **INSIDER TIPP** *Maroubra*, wo Sie anschließend einen Kaffee im *Pavilion Beachfront (tgl. | Fitzgerald Ave | www.pavilionbeachfront.com.au)* genießen. *Freshwater Beach* heißt der populäre Surfstrand nördlich vom Badeort Manly. Er ist nur 350 m lang, dafür rollen bis zu 1,6 m hohe Wellen heran.

AM ABEND

BARS & KNEIPEN

Die typischsten Bierschwemmen gibt es in *The Rocks* (U A–B 1–2) *(🗺 a–b 1–2)*. Am urigsten sind *The Australian (100 Cumberland Street), The Lord Nelson (19 Kent Street)* mit köstlich schmeckendem selbst gebrauten Bier und *The Argyle (12 Argyle Street)*.

Die *Establishment Bar* (U B3) *(🗺 b3)* (So geschl. | 248–252 George Street | Bus/Light Rail/Fähre Circular Quay) im Erdgeschoss des gleichnamigen Boutiquehotels gehört zu den Hotspots der Szene, ein Dauerbrenner ist *The Exchange Hotel* (U C6) *(🗺 c6)* (34–44 Oxford Street | exchangesydney.com.au | Bus 396 near College Street) mit sechs verschiedenen Kneipen und Livebühnen.

DISKOTHEKEN

Die Zentren des Nachtlebens liegen in der *Oxford Street* (U C6) *(🗺 c6)* und den angrenzenden Vierteln *Paddington* und *Kings Cross*. Einige Clubs, die vor allem an Wochenenden bis etwa 5 Uhr geöffnet haben: *Kinselas (383 Bourke Street | Bus 389 near Burton Street); Sugareef (20 Bayswater Road | Bus 326 Kings Cross); Oxford Hotel (134 Oxford Street | Bus 333 near Darlinghurst Road)*.

KASINO THE STAR (0) *(🗺 0)*

Beeindruckendes Kasino mit hübschen Wasserspielen am Eingang und einer Shoppingmeile. *80 Pyrmont Street | www.star.com.au | Bus 555 George Street/Strand Arcade*

OPENAIRKINO

Australier lieben *outdoor cinemas*, die in Sydney an folgenden Stellen ihre Leinwände spannen: *St George Open Air Cinema (Mrs. Macquaries Chair | Jan./Feb. | 33 A$ | www.stgeorgeopenair.com.au)* im Royal Botanic Garden, *Moonlight Cinema (im Centennial Park | Dez.–März | 15 A$ | www.moonlight.com.au | Bus M40 Queen Street), Bondi Openair Cinema (Bondi Pavilion | Jan.–März | ab 35 A$ | www.openaircinemas.com.au)* an der Strandpromenade mit musikalischem Vorprogramm.

THEATER

Company B/Belvoir Street Theatre **(0)** *(① 0) (25 Belvoir Street | Tel. 02 96 99 34 44 | www.belvoir.com.au | City Rail Central Station)*: führendes Theater, das u. a. Mel Gibson hervorbrachte.

Roslyn Packer Theatre Walsh Bay **(U A1)** *(① a1) (22 Hickson Road/Millers Point | The Rocks | Tel. 02 92 50 19 99 | www. sydneytheatre.org.au | Bus/City Rail/ Fähre Circular Quay)*: bis 2015 als „Sydney Theatre Company" bekannt.

Theatre Royal **(U B4)** *(① b4) (Pitt Street/King Street/Martin Place | MLC Centre | Tickettel. 02 92 24 84 44 | www. theatreroyal.net.au | City Rail Martin Place)*: volkstümliches, aber auch experimentelles Theater und Comedy.

ÜBERNACHTEN

INSIDER TIPP ▸ **OLD SYDNEY HOLIDAY INN** **(U B2)** *(① b2)*
Atriumhotel mitten in den Rocks; die Zimmer sind teilweise etwas klein, ei-nige haben Blick auf Oper und Harbour Bridge, der jedoch für alle Gäste vom ☼ Pool auf dem Dach aus einfach un-schlagbar ist. *175 Zi. | 55 George Street | Tel. 02 92 52 05 24 | www.ihg.com | €€€ | Bus/City Rail/Fähre Circular Quay*

QUAY WEST SUITES SYDNEY ☼
(U B1) *(① b1)*
Luxushotel mit Hafenaussicht und einem tollen „römischen" Pool. *121 Zi. | 98 Glou-cester Street | Tel. 02 92 40 60 00 | www. quaywestsuitessydney.com.au | €€€ | Bus/City Rail/Fähre Circular Quay*

SYDNEY HARBOUR YOUTH HOSTEL
(U B1) *(① b1)*
Teuer für eine Jugendherberge, preis-wert für den Blick auf Hafen und *Opera House*. Man schläft praktisch unter der Brücke, also der *Sydney Harbour Bridge*, und mitten im Altstadtviertel The Rocks. Allerschönste Aussichten haben Sie von der ☼ Dachterrasse aus. Wochen im Vo-raus ausgebucht – frühzeitig reservieren!

Dank des prominenten Schriftzugs unübersehbar: Sydneys Kasino The Star

106 Zi. | 110 Cumberland Street | Tel. 02 82 72 09 00 | www.yha.com.au | €–€€ | Bus/City Rail/Fähre Circular Quay

VICTORIA COURT HOTEL (0) (*m* 0)
Romantisch, klein und fein. In den besten Zimmern dieses Hauses gibt es offene Marmorkamine, riesige Spiegel, glitzernde Leuchter. 25 Zi. | 122 Victoria Street | Tel. 02 93 57 32 00 | www.victoriacourt.com.au | €€ | Bus 311 Macleay Street near Orwell Street

INSIDER TIPP ▶ Y ON THE PARK (0) (*m* 0)
Der Geheimtipp schlechthin – nicht nur für Backpacker, sondern auch für Familien gibt es sehr saubere Zimmer. 150 Zi. | 5–11 Wentworth Av. | Tel. 02 92 64 24 51 | www.yhotel.com.au | €–€€ | Bus 311 Oxford Street near Brisbane Street

LOW BUDGET

Der Preis für den *Bridge Climb* (s. S. 35) ist Ihnen zu hoch? Einen spektakulären Blick auf Stadt, Hafen und Opernhaus gibt es für 13 A$ auch vom ☀ *Pylon Lookout* **(U B1)** (*m* b1) (tgl. 10–17 Uhr | Bridge Stairs | Cumberland Street | The Rocks | www.pylonlookout.com.au). Sie erreichen den Pfeiler vom Stadtteil The Rocks aus.

Nur 67 A$ kostet der drei Tage gültige *Blue Mountains Explorer Pass*, mit dem Sie von Sydney nach Katoomba fahren und von dort mit dem halbstündlich verkehrenden Blue Mountains Explorer Bus 30 Attraktionen in den Blue Mountains erkunden können. Tickets z. B. am Circular Quay (www.explorerbus.com.au).

AUSKUNFT

SYDNEY VISITOR CENTRE
(U B2) (*m* b2)
Argyle Street/Playfair Street | The Rocks Centre | Tel. 1800 06 76 76 | www.sydney.com | www.experiencesydneyaustralia.com | www.shfa.nsw.gov.au | Bus/City Rail/Fähre Circular Quay

ZIELE IN DER UMGEBUNG

BLUE MOUNTAINS NATIONAL PARK ★
(189 D5–6) (*m* H6)
110 km westlich von Sydney beginnt die Wildnis der Blue Mountains. Die *Three Sisters*, eine beeindruckende Felsformation in der Nähe des Städtchens *Katoomba*, haben eine große spirituelle Bedeutung für die Aborigines der Gegend. Vom ☀ *Echo Point* unweit der *Three Sisters* haben Sie herrliche Ausblicke über die tiefen Schluchten und bewaldeten Bergketten des Nationalparks.

Etwa 1 km entfernt, am Westrand Katoombas, verbindet die ☀ *Scenic World* (tgl. 9–17 Uhr | 35 A$ für den alles umfassenden Unlimited Discovery Pass | www.scenicworld.com.au) eine atemberaubende Aussicht mit Nervenkitzel: In der *Scenic Railway* können Wagemutige 415 steile Meter hinab in die Tiefe rasen, mit der *Scenic Skyway,* einer Seilbahn, hoch oben die Schlucht überqueren, mittels der *Scenic Cableway,* einer weiteren Panorama-Seilbahn, hinab- oder hinauffahren und auf dem *Scenic Walkway* knapp 3 km auf wohlpräparierten Pfaden durch den Regenwald wandern.

Im Hotel *Hydro Majestic (115 Zi. | Meadlow Bath | Great Western Highway | www.hydromajestic.com.au | €€€)* oder in einer der zehn hölzernen *cabins* der umweltverträglich konzipierten ☘ *Jemby-Rinjah Eco Lodge (336 Evans Lookout Road | Blackheath | Tel. 02 47 87 76 22 |*

Hier ist man selten allein: Aussichtsplattform in den Blue Mountains

www.jembyrinjahlodge.com.au | €€–€€€) mitten im Busch übernachten Sie stilvoll. Informationen, Karten, Bücher bekommen Sie beim *NPWS Blue Mountains Heritage Centre (Govetts Leap Road | Blackheath | Tel. 02 47 87 88 77 | www.visitbluemountains.com.au | www.bluemountainswonderland.com.au)*. Tagesausflüge unternehmen diverse Busunternehmen ab Sydney. Individuelle Anreise mit dem Zug ab *Central Station (www.sydneytrains.info)*, dann mit dem Trolley Bus *(www.trolleytours.com.au)* oder dem Explorer Bus *(www.explorerbus.com.au)* ab Katoomba zu den meisten Attraktionen.

HOMEBUSH BAY/OLYMPIC PARK
(189 E5) (*[] J6*)

Mit der River-Cat-Fähre ab Circular Quay Wharf 5 kommen Sie am besten zum Olympic Park in Homebush Bay, 14 km außerhalb gelegen. Vom *Olympic Park Visitor Centre (tgl. 9–17 Uhr | Herb Elliot Av. | www.sydneyolympicpark.com.au)* gelangen Sie durch Parks und Gärten zu den schönsten olympischen Bauten (Karte im Internet). Wer sich vom Sightseeing erholen möchte, sollte seine Badesachen mitbringen – und sich in einem der vielen Pools des *Sydney Olympic Park Aquatic Centre (Mo–Fr 5–21, Sa, So 6–19 Uhr | 7 A$ | www.aquaticcentre.com.au)* erfrischen.

HUNTER VALLEY (189 E5) (*[] H–J6*)

Das Hunter Valley, etwa 160 km nördlich von Sydney gelegen, ist das älteste Weinanbaugebiet Australiens mit über 50 ausgezeichneten Weingütern *(www.winecountry.com.au)*. Sie produzieren feine, fruchtige Weißweine und einige Rotweine (Pinot Noir und Shiraz). In vielen Weingütern finden Sie erstklassige Restaurants – und luxuriöse Unterkünfte für die Übernachtung.

NEW SOUTH WALES

Endlose Strände, Eukalyptuswälder um romantische Seen, einsame Farmen und Rinderstations, riesige Nationalparks von der Wüste bis zum Regenwald, subtropische Hitze und Minustemperaturen in den Skigebieten der Snowy Mountains – das alles ist New South Wales.

Der „First State" *(www.visitnsw.com)*, mit 801 600 km² mehr als doppelt so groß wie Deutschland, ist das älteste und bevölkerungsreichste Bundesland Australiens – aber außerhalb der knapp Fünfeinhalb-Millionen-Stadt Sydney merkt man nicht viel davon. An der über 1000 km langen Küste gibt es noch reichlich einsame Strände, in den Bergen der Snowy Mountains können Sie tagelang wandern, ohne einem anderen Menschen zu begegnen – und in den Pubs winziger Outbacksiedlungen sind Fremde durchaus noch ein Ereignis. Im Bewusstsein vieler Besucher, die auf dem Flughafen von Sydney landen, überschattet die faszinierende Hauptstadt des Bundesstaats den „Rest" von New South Wales.

BATEMANS BAY

(191 F1) *(⌖ H7)* **Der freundliche Ort Batemans Bay (13 000 Ew.) an der Mündung des Clyde River liegt rund 240 km südlich von Sydney.**
Von hier aus kann man gut die versteckten Strände, Fischerdörfer und Nationalparks der South Coast erforschen.

Der Bundesstaat bietet Meer und Wüste – und umschließt das Australian Capital Territory mit der Hauptstadt Canberra

SEHENSWERTES

MURRAMURANG NATIONAL PARK

Der Nationalpark zieht sich an einer spektakulären Küste, an der sich kleine Sandstrände, steile Klippen und mehrere Höhlen befinden, entlang. Wanderer und vor allem Fossiliensucher kommen hier auf ihre Kosten. Am *Pebbly Beach*, einem kleinen, geschützt liegenden Strand im Nationalpark, können Sie zahlreiche fast zahm wirkende Zwergkängurus beobachten.

ESSEN & TRINKEN

STARFISH DELI

Fisch- und Pizzarestaurant direkt am Wasser. *Tgl. | Clyde Street | Tel. 02 44 72 48 80 |* €

ÜBERNACHTEN

CHALET SWISSE SPA

B & B mit Meerblick, Mineralquelle, Swimmingpool, Massagen, Aromatherapie. *18 Zi. | 676 The Ridge Road | Tel. 02*

Paradiesisch: einsame Badebuchten im Jervis Bay National Park

deland, Eukalyptuswäldern und einigen kleinen Nischen mit Regenwald. Kängurus, Wallabys und Flughunde sind fast überall zu sehen. Papageien setzen sich auf die Arme und Schultern derjenigen, die Papageienfutter mitgebracht haben. In der geschützten Bucht mit den gleißend weißen Stränden und kristallklarem Wasser leben Delphine und Pinguine. Im Winter kann man Wale beobachten: *Dolphin Watch Cruises (ab 35 A$ | 50 Owen Street | Huskisson | Tel. 02 44 41 63 11 | www.dolphinwatch.com.au)*.

KIAMA (189 E6) (*M H6*)

Der hübsche, historische Teil des Städtchens (11 000 Ew.) 130 km nördlich von Batemans Bay zieht sich an einer zerklüfteten Felsenküste entlang bis zum *Blowhole*, der besonderen Attraktion von Kiama. Bei Südwestwind türmen sich die Wellen vor den Felsen auf, rasen in eine tiefe Seehöhle und steigen in einer bis zu 60 m hohen Fontäne durch ein Loch im Fels empor.

SNOWY MOUNTAINS NATIONAL PARK (191 E1–2) (*M H7*)

Die Berge im Hinterland der Südküste werden bisher nur von wenigen ausländischen Touristen besucht. Dabei sind die Snowies nicht nur für Wintersportler attraktiv. Im Sommer können Sie in dem riesigen Nationalpark echte Bergeinsamkeit erleben, wie es sie in Europa nicht mehr gibt. Ein Großteil der „australischen Alpen", die sich bis nach Victoria ziehen, ist geschützt – in New South Wales im *Mount Kosciuszko National Park*, in Victoria im *Alpine National Park*. Touristische Hauptorte sind *Cooma, Thredbo* und *Jindabyne*.

Ein unvergessliches Erlebnis ist ein mehrtägiger Ritt durch die Randbezirke des Nationalparks mit *Snowy River Horseback Adventure (2 Tage ab 800 A$ | www.*

44 71 36 71 | www.chaletswissespa.com. au | €€€

BATEMANS BAY VISITOR CENTRE
Princes Highway | Tel. 02 44 72 69 00 | www.southcoast.com.au

JERVIS BAY NATIONAL PARK
(189 D–E6) (*M H6–7*)
Der Park liegt ungefähr 100 km nördlich von Batemans Bay und besteht aus Hei-

snowyriverhorsebackadventure.com.au).
Auskunft: *Snowy Mountains Tourist Information (119 Sharp Street | Cooma | Tel. 02 64 50 17 42 | www.snowymountains.com. au | short.travel/aus32)*

BROKEN HILL

(187 E4) *(ω G6)* **Die Fahrt über den Highway lässt Broken Hill (19 000 Ew.) wie aus dem Nichts auftauchen: eine städtische Oase in wüstenähnlicher Landschaft.**

Es gibt ausreichend Hotels, Restaurants, ein *Town Centre* mit Einkaufsmöglichkeiten jeder Art, eine respektable Kulturszene und jede Menge Edelmetall in der Erde. Bereits 1885 wurden hier Zink, Blei und Silber entdeckt. In dem leicht eingebrochenen Hügel – deshalb der Name Broken Hill – entstand eine der größten Minen, betrieben von der *Broken Hill Proprietary Company (BHP),* die zum weltweit größten Bergbaukonzern heranwuchs. Trotz intensiven Abbaus sind die Vorkommen noch lange nicht erschöpft. Doch *Silver City,* wie sich Broken Hill rühmt, fürchtet um die Zukunft und setzt deshalb auf den Tourismus: Erstaunliche Attraktionen (u. a. eine sehr interessante Flying-Doctor-Basis) und Sehenswürdigkeiten lohnen inzwischen den weiten Weg ins Innere des Kontinents. Wo übrigens die Uhren anders gehen: Obwohl die Stadt noch zum Bundesstaat New South Wales gehört, liegt sie in der Zeitzone Südaustraliens.

SEHENSWERTES

DAY DREAM SILVER MINE

Eine einstündige Führung (festes Schuhwerk!) durch die engen und niedrigen Stollen vermittelt einen Eindruck von der harten und gefährlichen Arbeit im Bergwerk zum Ende des 19. Jhs., als selbst Kinder unter Tage geschickt wurden. *Ostern–Nov. tgl. 10–15.30, Dez.–Ostern tgl. 10 und 11.30 Uhr | 20 A$ | 20 km nordwestlich, auf dem Weg nach Silverton beschilderter Abzweig von der Silverton Road | www.daydreammine.com.au*

LINE OF LODE MINERS MEMORIAL ☼

Die Gedenkstätte für die zu Hunderten im Bergwerk umgekommenen Minenarbeiter hat einen würdigen Platz auf dem Federation Hill oberhalb der Stadt gefunden. Tolle Aussicht, informatives Besucherzentrum, Café.

LIVING DESERT AND SCULPTURES

Der moderne Skulpturenpark liegt draußen in der Wüste, oben auf einem Hügel und weit genug von den Lichtern der Stadt entfernt, um die Farben besonders bei Sonnenauf- oder -untergang voll zur Entfaltung zu bringen. Vom Parkplatz geht man 20 Minuten; am Zugang gibt es eine Zahlstelle, wo pro Person 5 A$ (passend) zu entrichten sind. *Tgl. 8–17, Nebensaison bis 15 Uhr*

INSIDER TIPP ▶ SILVERTON

24 km nordwestlich zeugt die bizarre Beinahe-Geisterstadt vom einstigen Silberabbau im großen Stil. Menschen trifft

★ Byron Bay
Nicht nur Wassersportler lieben es: Sonne, Sand, Surfer, Strände – und eine tolle Landschaft → S. 50

★ Koala Hospital
Ein Platz für Beuteltiere: Rührend kümmern sich Tierärzte hier um verletzte Koalas → S. 54

MARCO POLO HIGHLIGHTS

man hier noch in der urigen Kneipe des *Silverton Hotel (Tel. 08 80 88 53 13 | €)* und dem kleinen Café oder in den sehenswerten Ateliers, die sich eigenwillige Künstler in den verlassenen Häusern eingerichtet haben. Ein Rundgang durch das staubige Terrain sollte auch zum histori-

INSIDER TIPP **KUNST UND KUNST-HANDWERK**

Art galleries und *craft shops* gibt es jede Menge in Broken Hill, und Sie können Tage damit verbringen, Ateliers und Aus-

Mad Max war auch schon hier, aber übernachtet hat er im Silverton wohl nicht

schen Friedhof mit seinen marmornen Grabsteinen führen. In der australischen Filmszene ist Silverton übrigens ein Begriff, denn die malerische Outbackkulisse fungierte schon öfter als Drehort, u. a. für die Kinoproduktionen „Mad Max II" und „Priscilla, Königin der Wüste".

ESSEN & TRINKEN

BELLS

Die Milchbar im Retrolook hat die 1950er-Jahre überdauert und serviert unbeirrt alkoholfreie Mixgetränke in allen Geschmacksrichtungen, aber auch Eis und Kaffeespezialitäten. *Tgl. 10– 17.30 Uhr | 160 Patton Street | im Süden der Stadt | Tel. 08 80 87 53 80 | www. bellsmilkbar.com.au*

stellungen zu besuchen. Eine Auflistung der Kunstorte samt Adressen und Kontakten hat das *Visitor Centre* vorrätig.
Typisch und mittlerweile hochpreisig sind die grell kolorierten Malereien von Howard W. Steer *(www.howardsteerart. com.au).* Die *Pro Hart Gallery (Mo–Sa 9–17 Uhr | 4 A$ | 108 Wyman Street | www.prohart.com.au)* bewahrt (und verkauft) Werke des einheimischen, vor einigen Jahren verstorbenen Künstlers Kevin Charles Hart.

ÜBERNACHTEN

THE LODGE OUTBACK MOTEL

Ruhiges, aber zentral gelegenes Hotel mit freundlichen Gastgebern. Alle 14 Zimmer befinden sich im Erdgeschoss.

252 Mica Street | Tel. 08 80 88 27 22 | www.lodgemotel.com.au | €€

ROYAL EXCHANGE HOTEL
Außen Art déco, innen schick renovierte komfortable Unterkunft im Zentrum. 23 Zi. | 320 Argent Street | Tel. 08 80 87 23 08 | www.RoyalExchangeHotel.com | €€–€€€

AUSKUNFT

VISITOR INFORMATION CENTRE
Blende Street/Bromide Street | Tel. 08 80 80 35 60 | www.brokenhillaustralia.com.au

ZIELE IN DER UMGEBUNG

MUNGO NATIONAL PARK
(187 F4–5) (*M* G6)
Experten zufolge könnte in dem ca. 280 km^2 großen Nationalpark, 320 km südlich, eine der Wiegen der Menschheit liegen. Funde zeugen von längst ausgestorbenen Tieren und frühgeschichtlichen Menschen. Einige Fossilien sollen über 40 000 Jahre alt sein, darunter die Überreste des „Mungo Man", eines der ältesten Zeugnisse des Homo sapiens. Landschaftliche Hauptattraktion sind die Walls of China, pittoreske Formationen aus Sand und Ton. Informationen, auch zu geführten Touren und Übernachtungsmöglichkeiten: Tel. 03 50 21 89 00; das Visitor Centre an der Südwesteinfahrt zum Park ist nur zeitweise besetzt. In der Nähe befinden sich ein einfacher Campingplatz und die urigen Mungo Shearers' Quarters (5 Mehrbettzi. | Tel. 1300 07 27 57 | €). short.travel/aus6

MUTAWINTJI NATIONAL PARK
(187 E–F3) (*M* G5)
In dem knapp 70 000 ha großen Naturschutzgebiet 130 km nordöstlich von Broken Hill haben ansässige Aborigines aufschlussreiche Felsmalereien und Gravierungen hinterlassen. Hintergrundinformationen liefert ein Cultural Centre. Die Zufahrt erfolgt auf unbefestigter Straße; Ihr Zelt aufschlagen können Sie auf dem Homestead Campground (keine Reservierungen | Tel. 08 80 80 32 00 | short.travel/aus5) mit kleinem Kiosk. Empfehlenswert ist ein geführter Tagesausflug im Geländewagen ab Broken Hill mit Tri State Safaris (200 A$ | Tel. 08 80 88 23 89 | www.tristate.com.au).

INSIDER TIPP ▶ WHITE CLIFFS
(187 F3) (*M* G5)
290 km nordöstlich von Broken Hill haben Opalsucher die Gegend in eine

LOW BUDGET

Flüge nach Australien sind zwischen Mai und Oktober am günstigsten, warum also nicht zum Wintersport in die Snowy Mountains? Die Ausrüstung kann man online im Voraus bestellen (www.shedskihire.com.au | www.snowholidays.com.au).

Gut und günstig isst man in den Clubs der Returned Services League (RSL) (www.rsl.org.au). Die mit Bar, Restaurant und Spielautomaten ausgestatteten Einrichtungen waren ursprünglich für Kriegsveteranen bestimmt, stehen aber jedem offen, der sich am Eingang mit Namen einträgt.

Australische Kino- und TV-Klassiker präsentiert das National Film & Sound Archive (Mo–Fr 9–17 Uhr | McCoy Circuit | www.nfsa.gov.au) in Canberra. Der Eintritt ist frei.

Mondlandschaft verwandelt. Leben findet hier überwiegend im schattig-kühlen Untergrund statt. So können Sie im *White Cliffs Underground Motel (31 Zi. | Tel. 08 80 91 66 77 | www.undergroundmotel. com.au | €€)* mit Restaurant im Erdinnern ohne Fenster, aber behaglich übernachten. Die sanitären Anlagen teilen Sie sich mit anderen Gästen. Ori-

Einst tummelten sich hier Rucksackreisende und Aussteiger – doch die haben sich längst nach Nimbin ins Hinterland verzogen. Abends sorgen vor allem jüngere, gut situierte Reisende in der Bay Street an der Waterfront so richtig für Stimmung, während tagsüber die autobahnbreiten Traumstrände von Surfern bevölkert werden. Der Badestrand

Auf die perfekte Welle müssen Surfer in der Byron Bay nicht lange warten

ginell verarbeiteten Opalschmuck verkauft die deutschstämmige Goldschmiedin Barbara Gasch *(Dugout 142 | Tel. 08 80 91 66 34).*

Main Beach zieht sich 50 km bis fast an die Gold Coast von Queensland, während *Watego's Beach* ein absoluter Höhepunkt für Surfer ist, die die hohen, lang auslaufenden Wellen mit Delphinen um die Wette abreiten.

BYRON BAY

(189 F2) (*Ø J5*) Jede Menge Wassersportaktivitäten, das traumhaft schöne Hinterland mit hohen Bergen und Regenwald und eine quirlige Kneipenszene machen ★ Byron Bay (9000 Ew.) zur boomenden Touristenregion.

SEHENSWERTES

CAPE BYRON

Die von James Cook auf seiner ersten Reise (1768–71) benannte Halbinsel ragt weit ins Meer hinein. Sie können mit dem Auto bis zum alten Leuchtturm fahren oder dem gut angelegten Wanderpfad vom Aussichtspunkt *Captain Cook Lookout* folgen (3,5 km). Von dort haben Sie eine überwältigende Aussicht auf Watego's Bay. Im Juni/Juli und von September bis November kann man hier gut Wale beobachten.

ESSEN & TRINKEN

FINS
Fisch und Fun ist die Devise und der Grund, weshalb die Trendsetter der Stadt den Weg ins 60 km entfernte Kingscliff nicht scheuen. *Tgl. abends, Fr–So auch mittags | 5/6 Bells Blvd. | Salt Village | South Kingscliff | Tel. 02 66 74 48 33 | www.fins.com.au | €€€*

ÜBERNACHTEN

THE ARTS FACTORY BACKPACKERS LODGE
Ausgeflippte Unterkünfte wie *tipis*, fünfeckige, hölzerne *cabins*, Hängematten auf einer künstlichen Insel sowie Zelt und hübsches *cottage*. *Skinners Shoot Road | Tel. 02 66 85 77 09 | www.artsfactory. com.au | €–€€*

BYRON AT BYRON RESORT
Große Terrassen, Möbel aus Bambus, kleine Wasseranlagen im Garten – das Resort ist eine Wohltat mitten im Regenwald, etwa fünf Minuten außerhalb von Byron Bay. *92 Zi. | 77 Broken Head Road | Tel. 1300 55 43 62 | www. thebyronatbyron.com.au | €€€*

AUSKUNFT

BYRON VISITOR CENTRE
80 Jonson Street | Tel. 02 66 85 80 50 | www.visitbyronbay.com

ZIELE IN DER UMGEBUNG

DORRIGO NATIONAL PARK
(189 F3) (*Ø J5*)
Der Park liegt 900 m hoch in den Bergen der Great Dividing Range, 250 km südlich von Byron Bay. Er ist einer der schönsten und zugänglichsten Nationalparks von New South Wales. Besonders gut: der 70 m hohe *Skywalk*, ein 250 m langer Pfad durch die Baumkronen des Regenwalds. Infos: *Dorrigo Rainforest Centre (tgl. 9–17 Uhr | Dome Road | www.dorrigo.com)*. Übernachten können Sie im benachbarten *Bellingen (www. bellingen.com)* im *Rivendell B & B (4 Zi. | 10 Hyde Street | Tel. 02 66 55 00 60 | www.rivendellguesthouse.com.au | €)*. In und um das hübsche historische Städtchen (2700 Ew.) haben sich zahlreiche Künstler, Kunsthandwerker und alter-

TRAUMZEIT

Als *dreamtime* (Traumzeit) bezeichnet die englische Sprache den Schöpfungsmythos der australischen Ureinwohner. Da die uralte Kultur der Aborigines allein auf mündlicher Überlieferung beruht, erinnert eine Fülle an Legenden an die Zeit, als alles seinen Anfang nahm: Landschaften, Tiere oder auch die Menschheit. Hauptakteure in der Mythologie sind spirituelle Wesen, die das Leben auch weiterhin beeinflussen. Aborigines sehen sich mit ihnen eng verbunden und glauben, dass sie überall in der Natur gegenwärtig sind.

native Landwirte niedergelassen. Gute Kunstgeschäfte und ein nettes Café gibt es in der *Bellingen Butter Factory (1 Doepel Street | www.theoldbutterfactory. com.au)*.

MURWILLUMBAH UND MOUNT WARNING (189 F2) *(᠁ J5)*

Das Hinterland von Byron Bay ist faszinierend: Nahe beieinander liegen hier Bananenplantagen, dichter Regenwald und kleine Orte mit einem bunten Gemisch alternativer Läden. Von Byron Bay fahren Sie am besten zuerst nach *Mullumbimby*, dann über den Highway bis nach *Murwillumbah (etwa 50 km)*. Von da an geht es weiter über schmale, kurvige Straßen bis nach *Uki, Nimbin, Lismore* und in die kleine Künstlerkolonie *Bangalow*.

Zwischen Murwillumbah und Uki liegt die Abfahrt zum *Mount Warning National Park*. Der ᠁ *Mount Warning (www. mtwarning.net)* ist der Rest eines riesigen Vulkans, der vor Millionen von Jahren ausbrach. Zwischen den Lavaformationen entstand eine einmalige Ökonische mit herrlichem Regenwald und seltener Flora und Fauna. Es lohnt sich, den Mount Warning **INSIDER TIPP** zur frühen Morgenstunde zu besteigen (etwa 2 Std.), wenn die Sonne über dem östlichsten Punkt Australiens aufgeht und das Tiefland in ein faszinierendes Licht taucht. Aber Achtung: Das letzte Stück ist nur etwas für Schwindelfreie. Festes Schuhwerk ist erforderlich.

CANBERRA

(189 D6) *(᠁ H7)* **Canberra (380 000 Ew.) ist das Ergebnis eines Kompromisses zwischen Sydney und Melbourne, die sich nicht darauf einigen konnten, wer den Status der Hauptstadt erhalten sollte.**

Sie wurde buchstäblich ins Nirgendwo gebaut. *Canberry,* Treffpunkt, nannten die Aborigines die Gegend. Die amerikanischen Architekten Walter Burley Griffin und Marion Mahony Griffin erhielten 1912 den Zuschlag, die Stadt zu bauen. Ihr streng geometrisches Design prägt Canberra. Die Stadt nimmt mit Vororten etwa ein Viertel des 2400 km² großen Territoriums der australischen Hauptstadt, des Australian Capital Territory (ATC), das nicht zum Bundesstaat New South Wales gehört, sondern eine eigene Verwaltung besitzt, ein. Canberra hat zwei Herzen: den nördlichen Stadtbereich um den *London Circuit* und den südlichen Bezirk um den *Capital Hill,* auf dem das Parlamentsgebäude thront. Um sich einen Überblick über die Stadt zu verschaffen, bietet sich eine Fahrt auf den ᠁ *Mount Ainslie Lookout* an, von wo der Parlamentsbezirk gut zu sehen ist.

SEHENSWERTES

NATIONAL GALLERY OF AUSTRALIA

Internationale Kunst aus fünf Jahrtausenden und eine hervorragende Sammlung von teils bis zu 30 000 Jahre alten Aboriginalarbeiten sollten Sie sich nicht entgehen lassen. *Tgl. 10–17 Uhr | Eintritt frei | Parkes Place | www.nga.gov.au*

NATIONAL MUSEUM OF AUSTRALIA

Das Museum gibt einen guten Einblick in die Geschichte und vielseitige Kultur Australiens. Die Themenpalette reicht von der Geschichte der Aborigines bis zur Bedeutung, die der Brotaufstrich Vegemite für die Australier hat. *Tgl. 9–17 Uhr | Eintritt frei | Lawson Crescent | Acton Peninsula | www.nma.gov.au*

PARLIAMENT HOUSE ●

Das Parlamentsgebäude ist Sitz der beiden nationalen Parlamente, des Repräsentantenhauses, das im grünen Saal tagt, und des Senats, der im roten Saal zusammentritt. Der 81 m hohe Fahnenmast auf dem Dach ist zum Symbol der Stadt Canberra geworden. Mit Kosten

ESSEN & TRINKEN

BOAT HOUSE BY THE LAKE

Traumhafte Lage am Lake Burley Griffin, dazu exzellente australische Küche,

Alles über die australische Alltagskultur erfahren Sie im National Museum

von 1,1 Mrd. A$ ist das 1988 eingeweihte Haus das teuerste je in Australien errichtete Gebäude. Neben der Regierung beherbergt es auch mehr als 3000 Kunstwerke, von denen nicht wenige die öffentlich zugänglichen Räume schmücken. Kostenlose Führungen *(tgl. 9.30, 11, 13, 14, 15.30 Uhr | Tel. 02 62 77 50 85)* mit einem Audioguide in Deutsch können direkt vor Ort gebucht werden. Ein Besuch ist gerade dann interessant, wenn im Parlament die Fragestunde *(Question Time)* stattfindet. Gegenseitige Beschimpfungen und Pöbeleien zwischen Regierung und Opposition sind nicht ungewöhnlich. Auskunft über Sitzungstage unter *Tel. 02 62 77 48 99* oder auf der Website *www.aph.gov.au*.

die ihren Preis hat. *Mo–Sa abends | Grevillea Park (Nordseite von Barton) | Menindee Drive | Tel. 02 62 73 55 00 | www. boathousebythelake.com.au | €€€*

SAMMY'S KITCHEN

Beste asiatische Küche im Stadtzentrum. Versuchen Sie das *shan tung chicken.* Eine Reservierung empfiehlt sich. *Tgl. | Bunda Street | Garema Centre | Tel. 02 62 47 14 64 | www.sammyskitchen.com. au | €€*

ÜBERNACHTEN

NOVOTEL

Das Hotel ist nur ein paar Schritte von der Fußgängerzone entfernt, in der sich auch viele Restaurants befinden. Am Wochenende übernachten Sie günstiger. *197 Zi. | 65 Northbourne Av. | Tel. 02 62 45 50 00 | www.novotelcanberra.com.au | €€*

AM ABEND

Einen Veranstaltungskalender im Internet finden Sie unter *www.outincanberra.com.au*.

CANBERRA THEATRE CENTER
Das Zentrum beheimatet das *Canberra Theatre* und das kleine Studiotheater *The Playhouse*, die sich auf Dramen, Musicals und Comedy konzentrieren. *London Circuit | Tel. 1800 04 10 41 | www.canberratheatrecentre.com.au*

HIPPO CO
Das Lokal ist bekannt für die besten Martinis der Stadt. Die Eigentümer haben auch ein Faible für guten Live-Jazz (mittwochs). Probieren Sie unbedingt mal den hauseigenen „Jet Li", einen fruchtigen Cocktail. *Mi–So ab 17 Uhr | 17 Garema Place*

AUSKUNFT

CANBERRA VISITORS CENTRE
Northbourne Av. | Tel. 02 62 05 00 44 | www.visitcanberra.com.au

PORT MACQUARIE

(189 F4) (Ø J6) Die Stadt an der Mündung des Hastings River wird von ihren 40 000 Einwohnern liebevoll Port genannt.

1821 von Sträflingen gegründet, ist das Städtchen eine der ältesten australischen Siedlungen. Port Macquarie bietet viele Möglichkeiten für Wassersportaktivitäten sowie kilometerlange Bade- und Surfstrände, die sich vom *Town Beach* und *Oxley Beach* unweit des Stadtzentrums bis zum *Lighthouse Beach* im Süden erstrecken.

SEHENSWERTES

AUSTERNFARMEN
In den Gewässern von Port Macquarie wird ein Gutteil der Austern, die in Australien verkauft werden, gezüchtet. Einige Rundfahrten stoppen an den Austernfarmen, z. B. *Port Macquarie Cruise Adventures (ab 15 A$ | Short Street | Town Wharf | Tel. 1300 55 58 90 | www.cruiseadventures.com.au)*.

KOALA HOSPITAL ★ ●
Die größte Tierklinik ihrer Art in Australien wird ehrenamtlich geführt und beherbergt oft mehr als 30 Koalas. Die hier aufgenommenen Beuteltiere wurden z. B. bei Verkehrsunfällen oder Buschbränden verletzt. Sie werden von Tierärzten fachgerecht behandelt, um nach ihrer Gesundung wieder in die freie Wildbahn entlassen zu werden. Fütterung ist um 8 und 15 Uhr. *Tgl. 8–16.30 Uhr | Eintritt frei, Spenden erwünscht | Lord Street | www.koalahospital.org.au | www.koalahilfe.de*

SEA ACRES RAINFOREST CENTRE
Auf einem 1,3 km langen *boardwalk* – dem angeblich längsten Holzweg der Welt – werden Sie, teilweise in einer Höhe von bis zu 7 m und somit auf Augenhöhe mit den Baumbewohnern, durch einen unberührten tropischen Regenwald geführt. Displays zeigen zudem, wie die zweitgrößte Regenwaldlandschaft in New South Wales entstanden ist. *Tgl. 9–16.30 Uhr | 8 A$ | Sea Acres Nature Reserve | 6 km nördlich des Stadtzentrums | short.travel/aus7*

Antreten zum Gruppenbild: Für mehr Koalas war hier kein Platz

ESSEN & TRINKEN

PORT FRESH SEAFOODS
Hier bekommen Sie u. a. frische Austern zu günstigen Preisen. *Mo–Fr 9–17.30, Sa bis 15 Uhr | 5/23–41 Short Street | www. portfreshseafoods.com.au*

ÜBERNACHTEN

SAILS RESORT
Das beste Hotel am Platz mit einem sehr guten Restaurant liegt direkt am Wasser, etwas außerhalb der Stadt. *83 Zi. | Park Street | Tel. 02 65 83 39 99 | www. sailsresort.com.au | €€–€€€*

SUNDOWNER BREAKWALL TOURIST PARK
Sehr sonniger Campingplatz, dafür in Stadtnähe und direkt am Strand gelegen. *22 cabins und Wohnungen | 1 Munster Street | Tel. 02 65 83 27 55 | www. sundownerholidays.com | €*

AUSKUNFT

VISITOR INFORMATION CENTRE
Clarence Street/Hay Street | Tel. 1300 30 31 55 | www.portmacquarieinfo. com.au

ZIEL IN DER UMGEBUNG

KEMPSEY (189 F4) (*J6*)
Seit 1974 kommen alle *Akubra*-Hüte Australiens aus dem Städtchen (11 000 Ew.) 40 km nördlich von Port Macquarie. Die einzige Fabrik der Stadt *(www.akubra. com.au)* kann leider nicht besichtigt werden, aber die *Kempsey Visitor Information (Pacific Highway/South Kempsey Park | Tel. 1800 64 24 80 | www. macleayvalleycoast.com.au)* zeigt täglich zwischen 9 und 17 Uhr einen viertelstündigen Videofilm über die Herstellung der Hüte – und Sie können sich in verschiedenen Geschäften in Kempsey mit *akubras* eindecken.

VICTORIA

Victoria ist mit einer Fläche von annähernd 228 000 km² der zweitälteste, zweitkleinste und doch gleichzeitig vielfältigste Bundesstaat Australiens. Knapp 6 Mio. Menschen wohnen hier.

In Victoria gibt es alles: raue Felsküsten, weite Surfstrände, Sümpfe, landwirtschaftliche Gebiete, schneebedeckte Berge und tiefe Wüste. 1850 wurde in Victoria Gold entdeckt. Zehntausende Menschen strömten daraufhin nach Melbourne, um in den benachbarten Goldfeldern ihr Glück zu suchen.

GRAMPIANS

(190 B2) (⌖ G7) Die bis zu 1000 m hohen, zerklüfteten Berge der Grampians

ragen 260 km westlich von Melbourne aus grünem Weideland auf.

Versteckte Schluchten, klare Flüsse und spektakuläre Wasserfälle bieten einer Vielfalt von Pflanzen und Tieren eine Heimat. Für die örtlichen Aborigines haben die Berge, die sie *Gariwerd* nennen, eine große spirituelle Bedeutung. Davon zeugen zahlreiche Felsmalereien. Man findet sie am besten mit einem Führer, der über das **INSIDER TIPP** *Brambuk Aboriginal Cultural Centre (tgl. 9–17 Uhr | Eintritt frei | Dunkeld Road | www.brambuk.com. au)* im Hauptort Halls Gap zu buchen ist. Das Centre beherbergt auch eine Ausstellung, die das Leben und die Traumzeitgeschichten der örtlichen Aborigines erklärt. *Halls Gap* (250 Ew.) ist auch der beste Ausgangspunkt für Wanderer, Na-

Der vielfältigste Bundesstaat bietet atemberaubende Küstenlandschaften, kultivierten Lebensstil und Bushrangervergangenheit

turbegeisterte und Extremsportler. Müde Wanderer stärken sich im Café-Restaurant *Kookaburra (Mo geschl. | Main Road | Tel. 03 53 56 42 22 | €€)*. Die 25 gemütlichen Blockhauskabinen im *D'Altons Resort (Glen Street | Tel. 03 53 56 46 66 | www.daltonsresort.com.au | €€)* haben ☼ Veranden mit herrlicher Aussicht auf die Berge. Auch eine Jugendherberge mit 60 Betten in Doppel- und Vierbettzimmern sowie u. a. Solaranlage und Brauchwasserrecycling gibt es in Halls Gap: ⊙ *Grampians YHA Eco-Hostel (Buckler Street/Grampians Road | Tel. 03 53 56 45 44 | www.yha.com.au | €)*. www.visitgrampians.com.au

MELBOURNE

KARTE AUF SEITE 61
(190–191 C–D 2–3) (*G7*) Melbourne (4,4 Mio. Ew.) ist ein Mikrokosmos. Die ganze Welt scheint hier zu Hause zu sein – zumindest Angehörige von 140 Nationen.

Spektakuläre Architektur säumt den Federation Square, das Herz Melbournes

Kein Wunder, dass die Speisekarten in den mehr als 3000 Restaurants der *City of Diversity* einfach alles bieten – von der mediterranen über die tibetische bis zur jamaikanischen Küche.

Kunterbunt sind sogar die Straßenzüge der schachbrettartig angelegten Stadt. Prächtige viktorianische Bauten reihen sich, etwa in der *Collins Street*, an kühne Wolkenkratzer oder moderne Einkaufszeilen aus Glas und Stahl. Und dazwischen gibt es großzügige Parks wie die *Queen Victoria Gardens* oder die *Royal Botanic Gardens*. Dass es den Melburnians langweilig wird, verhindert ein prall gefüllter Veranstaltungskalender – *City of Events* nennt sich die Metropole auch.

SEHENSWERTES

COOKS' COTTAGE

Das elterliche Wohnhaus des Australienentdeckers James Cook wurde im heimatlichen England in rund 2000 Teile zerlegt und in Melbourne, inmitten einer Parklandschaft, originalgetreu wieder aufgebaut. Ein ehrerbietiger Kraftakt für den kolonialen Seefahrer, an dessen Wirken im Innern erinnert wird. *Tgl. 9–17 Uhr | 6 A$ | Fitzroy Gardens*

DOCKLANDS

Mit extravaganter Architektur aus Stahl und Glas entstand um den Victoria Harbour, am Westrand der City, ein moderner Stadtteil. Dieser ist für seine hochpreisigen Apartments ebenso bekannt ist wie für seine angesagten Restaurants, die jedoch ziemlich ums Überleben kämpfen. Wer hier Fuß fassen will, braucht Geduld: Komplett erschlossen ist das Gelände vermutlich erst 2025.

EUREKA SKYDECK 88

In nur 40 Sekunden schießt der Aufzug hinauf zum 88. und letzten Stockwerk

CITY WOHIN ZUERST?

Besucher sind am **Federation Square** erst mal richtig, weil sich hier das Information Centre und interessante Museen befinden. Züge verkehren ab Flinders Street Station gegenüber, und es sind nur ein paar Schritte über die Princes Bridge bis zum Entertaimentkomplex Southbank mit Gastronomie, Kasino und Eureka Tower. Wer nicht gut zu Fuß ist, steigt in die kostenlose City Circle Tram. Keinesfalls sollten Sie mit dem Auto ins Zentrum fahren: Parkplätze sind rar, Parkhäuser teuer.

GOLDEN MILE HERITAGE TRAIL

Die meisten Highlights der Stadt sind zu Fuß erreichbar. Die kostenlose *Official Melbourne Visitors' Map* macht es Besuchern leicht. Sie brauchen nur dem in Gold auf der Karte eingezeichneten Golden Mile Heritage Trail zu folgen. Dieser führt durch die schicksten Citystraßen und durch *Chinatown*, vorbei an viktorianischen Einkaufsarkaden, Theatern, mehreren Museen, dem pompösen *Royal Exhibition Building* und endet am *Melbourne Museum*. *Golden Mile Booklet ca. 8 A$ | zweistündige geführte Tour tgl. 10 Uhr ab Federation Square, ca. 30 A$ | Tel. 1300 78 00 45 | www. melbournegoldenmile.com.au*

des *Eureka Tower*, Melbournes höchstes Gebäudes. Fensterfronten rundum bieten ein atemberaubendes 360-Grad-Panorama hoch über den anderen Wolkenkratzern der Stadt. Scheinbar bodenlose Aussicht genießt, wer den Schritt in *The Edge (12 A$)*, einen rundum verglasten Erker in 300 m Höhe, wagt. Per Knopfdruck wird das Glas von undurchsichtig auf transparent geschaltet – ein schwindelerregender Überraschungseffekt. *Tgl. 10–22 Uhr | ab 20 A$ | Riverside Quay | www.eurekaskydeck.com.au*

FEDERATION SQUARE ★

Der riesige, moderne Museums- und Restaurantkomplex direkt am Ufer des Yarra, gegenüber dem Flinders-Street-Bahnhof, feiert das 100-jährige Bestehen des Bundesstaats. In den spitzen, schrägen, verglasten oder mit Zink verkleideten Gebäuden befindet sich die größte Sammlung australischer Kunst, darunter eine ausgezeichnete Kollektion alter und moderner Kunst der Aborigines und die Sammlung der National Gallery of Victoria. *Tgl. 11–18 Uhr | Eintritt frei | www. fedsq.com*

IMMIGRATION MUSEUM ●

Hier können Sie hautnah erleben, welche Schwierigkeiten die Menschen auf sich nahmen, die einst auf der Suche nach einem besseren Leben oder auf der Flucht vor Verfolgung und Kriegen nach Australien

★ **Federation Square**
Schräge Architektur beherbergt die größte Sammlung australischer Kunst → S. 59

★ **Melbourne Museum**
Hier bekommen Sie Einblick in die Geschichte und Kultur der Aborigines → S. 60

★ **Royal Botanic Gardens**
Sport, Konzerte und Fledermäuse in Melbournes grüner Lunge → S. 60

★ **Phillip Island**
Befrackte Winzlinge marschieren abends in der Pinguinparade → S. 66

MARCO POLO HIGHLIGHTS

einwanderten. *Tgl. 10–17 Uhr | 12 A$ | 400 Flinders Street | museumvictoria.com. au/immigrationmuseum*

MELBOURNE MUSEUM ⭐

Das futuristische, interaktive Museum verbindet Architektur und Natur – so kann man z. B. mitten im Museum in einem Wald spazieren gehen. Die Bunjilaka-Ausstellung im Erdgeschoss ist eine ausgezeichnete Einführung in die spirituelle, kulturelle und politische Geschichte und Gegenwart der Ureinwohner Australiens. *Tgl. 10–17 Uhr | 12 A$ | Nicholson Street/Carlton Gardens | museumvictoria. com.au/melbournemuseum*

OLD MELBOURNE GAOL ⬤

Das düstere, alte Gefängnis vermittelt einen Eindruck des harschen Justizsystems, das in der ehemaligen britischen Kolonie Victoria herrschte. Zwischen 1845 und 1929 wurden dort 135 Menschen hingerichtet, u. a. auch Ned Kelly, der „australische Robin Hood". Besonders spannend sind die abendlichen Führungen durchs Gefängnis bei Kerzenlicht: *Hangman's Night Tours (viermal wöchentlich 19.30, Sommer 20.30 Uhr | 38 A$).* Karten für die Abendführungen müssen über *Ticketek (Tel. 013 28 49 | www.ticketek.com. au)* gebucht werden. *Tgl. 9.30–17 Uhr | 25 A$ | Russell Street/Mackenzie Street | www.oldmelbournegaol.com.au | City Circle Tram Russell Street/Latrobe Street*

ROYAL BOTANIC GARDENS ⭐ ⬤

Der über 35 000 m² große botanische Garten am Ufer des Yarra ist das grüne Juwel der Stadt – mit Seen, Wander- und Radwegen, über 60 000 seltenen Pflanzenarten aus aller Welt, Papageien, Flughunden, nachtaktiven Possums, schattigen Alleen, diversen Themengärten und eleganten *tea rooms.* Im Sommer finden abends Openairveranstaltungen auf der überdachten Bühne der *Sydney Myer Music Bowl* statt.

Immer gut besucht sind die Strandcafés in St. Kilda Beach

Ein besonderes Erlebnis ist der **INSIDER TIPP** *Aboriginal Heritage Walk* (So–Do 11 Uhr (Dauer ca. 90 Min.) | Führung 25 A$ | Reservierungstel. 03 92 52 24 29). Bei einem Gang durch den botanischen Garten erklären Koorie-Führer ihre Geschichte und Kultur. Sie zeigen, welche Pflanzen und Früchte die Aborigines als Nahrungs- oder Heilmittel sammelten und wie sie diese zubereiteten. *Tgl. 7.30 bis Sonnenuntergang | Eintritt frei | Visitors Centre/Observatory Gate | Birdwood Av. | www.rbg.vic.gov.au/ visitmelbourne*

ST. KILDA BEACH

Das historische Strandbad St. Kilda ist einer der lebhaftesten Stadtteile von Melbourne. Der alte Pier und die viktorianischen Bäder am Strand wurden sorgfältig renoviert. Auf der palmengesäumten Es-planade bieten sonntags Künstler und Kunsthandwerker ihre Waren an *(10–17 Uhr | www.esplanademarket.com)*. In den breiten, geschäftigen Straßen bieten Restaurants und Cafés zahllose Ein-kehrmöglichkeiten, Handleser und Ge-schäfte mit schriller Retromode warten auf Kundschaft. Mit der Straßenbahn (Nr. 16 oder 96) erreichen Sie das Strand-bad von der City aus in etwa 15 Minuten. *www.stkildamelbourne.com.au*

SEALIFE AQUARIUM

Tiefseebegeisterte können hier die bunte Tierwelt des Ozeans entdecken, ohne nasse Füße zu bekommen. Be-sucher wandern in Plexiglastunneln durch die Unterwasserwelt. Eine Attrak-tion der besonderen Art ist eine Tauch-partie zu den im des Aquarium leben-den Haien. *Tgl. 9.30–18, Jan. bis 21 Uhr |*

Im Sealife Aquarium gehen Sie mit den Pinguinen (fast) auf Tuchfühlung

38 A$ | Flinders Street/King Street | www. melbourneaquarium.com.au

SHRINE OF REMEMBRANCE

Errichtet zum Gedenken der im Ersten Weltkrieg Gefallenen aus Victoria, gehört das tempelähnliche Bauwerk zum Pflichtprogramm von Schulklassen. Im Innern kommt daher immer mal Gedränge auf, vor allem bei dem feierlichen Gedenkakt alle halbe Stunde. Dann steigt man lieber gleich hinauf zum ☀ Dach und genießt den phantastischen Rundumblick über die Baumwipfel hinweg. *Tgl. 10–17, Führungen tgl. 11 und 14 Uhr | Eintritt frei | Kings Domain | Birdwood Av. | www. shrine.org.au*

WILLIAMSTOWN

In der nostalgischen Hafenstadt scheint Melbournes moderne City unendlich weit weg und liegt doch in Sichtweite, auf der anderen Seite von Port Philip. Historische Interessierte müssen ebenso hin wie romantisch Veranlagte. Am besten geht das per Fähre über den Yarra River mit *Williamstown Ferry (tgl. ab Southgate | Tel. 03 95 17 94 44 | www. williamstownferries.com.au)*. Die Fahrt vermittelt einen Eindruck von den neuen und den alten Hafenanlagen, und Sie nähern sich Williamstown vom Wasser her, ähnlich wie die Segelschiffe im frühen 19. Jh., als hier der Überseehafen ausgebaut werden sollte – bis Melbourne an Bedeutung gewann.

Viele Baudenkmäler säumen Nelson Place: Bescheidene Behausungen sind ebenso erhalten wie prachtvolle Herrenhäuser, urige Kneipen oder stattliche Verwaltungsgebäude. Ins Innere sind oftmals kleine Läden oder Restaurants eingezogen, willkommene Unterbrechungen bei einem Rundgang. Eisenbahnfreunde schauen ins *Railway Museum (Mo–Fr 12–16, Sa, So 12–17 Uhr | 6 A$ | Champion Road | www.arhsvic.org. au)* mit seiner erstaunlichen Sammlung

aus der Zeit der Dampflokomotiven.
www.visithobsonsbay.com.au

ESSEN & TRINKEN

CIRCA

Mitten in St. Kilda Beach befindet sich
im Designerhotel The Prince eines der
stilvollsten Restaurants Melbournes. Besonders empfehlenswert: das fünfgängi-
ge Schnuppermenü *(tasting menu). Tgl.* |
*2 Acland Street | Tel. 03 95 36 11 22 | www.
circa.com.au | €€€*

COOKIE

Tolle Thaiküche, super Baratmosphäre. In
der 2. Etage befindet sich die angesagte
Disko *Toff* und im Freien, auf dem Dach
des Gebäudes, von Dezember bis Anfang
April das **INSIDER TIPP** *Rooftop Cinema
(ca. 20 A$ | Tel. 03 96 63 35 96 | Ticketbe-
stellung 15–18 Uhr | www.rooftopcinema.
com.au)* mit 175 Plätzen (meist Liege-
stühlen) und einer kleinen Burger-Bar.
*252 Swanston Street | Curtin House |
1. Etage | Tel. 03 96 63 76 60 | www.
cookiemelbournaustralia.com.au | €€*

INSIDER TIPP **RICHMOND OYSTERS**

Restaurant und Shop für Austern- und
Fischliebhaber. Gutes Preis-Leistungs-Ver-
hältnis. *So geschl. | 437 Church Street | Tel.
03 94 28 51 21 | www.richmondoysters.
com.au | €–€€*

EINKAUFEN

Melbourne ist die ideale Stadt für Shop-
pingfans. Tipp: Starten Sie auf der *Flinders Street* gegenüber der *Flinders Street
Station* und gehen Sie in die *Degraves
Street*, über die *Flinders Lane* und weiter zum *Centre Place (zwischen Flinders
Lane und Collins Street)*. Überqueren
Sie die *Collins Street (www.collinsstreet.
com.au)*, Melbournes eleganteste Einkaufsmeile, und gehen Sie schräg in die
Block Arcade. Diese führt Sie zur *Little Collins Street*, die zwischen der *Block Arcade*
und *Russell Street* besonders interessant
ist. In der Nähe befindet sich auch die *Royal Arcade (Elizabeth Street/Ecke Bourke
Street Mall)*, die älteste Einkaufsarkade
der Stadt. Hier gibt es bei *Koko Black* beste Schokolade.

Dinner im Cookie: die Wände ein Hingucker, die Thaiküche vom Feinsten

Originelle Geschäfte entdeckt man z. B im *Swan Street Precinct*: ab Bahnhof Richmond entlang der *Church Street* (wird auch von der Straßenbahn Nr. 78 befahren) in die *Chapel Street* nach South Yarra (Toorak Street). Oder die Straßenbahn Nr. 86 an der Ecke Gertrude/Brunswick Street verlassen, dann entlang der Gertrude Street in die Smith Street. Ab Hausnummer 377 (Höhe Johnston Street) haben sich viele Outletstores (Adidas, Icebreaker, Timberland etc.) niedergelassen, ebenso wie in der *Fashion Station (Southern Cross Station | Spencer Street)*.

MELBOURNE CENTRAL ●

Shoppingcenter mit rund 180 Geschäften, Restaurants und Boutiquen, die australische Marken wie *Coogi* und *R. M. Williams* (schicke Outbackmode) führen, und architektonisches Kunstwerk: Den 50 m hohen *Shot Tower* aus Ziegelsteinen (hier wurde zwischen 1888 und 1967 Schießpulver produziert) umschließt eine mächtige, 84 m hohe Glaskuppel. *Swanston Street/La Trobe Street | www.melbournecentral.com.au*

QUEEN VICTORIA MARKET

Berge von glänzenden Orangen und Zitronen, sorgfältig gestapelte Apfelpyramiden, Mangos, Kuchen und Croissants, Stände mit Würsten und Parmaschinken, Hunderte von Käsesorten, frisch gebackenes Brot und über allem der bittersüße Duft starken Espressos und asiatischer Gewürze – das ist der über 100 Jahre alte Queen Victoria Market am nördlichen Ende der City, Ecke Victoria/Elizabeth Street. *Di und Do 6–14, Fr 6–18, Sa 6–17, So 9–16 Uhr | www.qvm.com.au*

LOW BUDGET

Einen kostenlosen zwei- bis vierstündigen *city walk* für bis zu vier Personen (auch in Deutsch) buchen Sie über den *Melbourne Greeter Service (mind. 24 Std. im Voraus reservieren | Mo–Fr 7.30–18 Uhr: Tel. 03 96 58 96 58 | Sa, So 9–18 Uhr: Tel. 03 96 58 99 42 | www.thatsmelbourne. com.au)*. Start tgl. um 9.30 Uhr am Federation Square/Visitor Centre.

Die ● *City Circle Tram (www.ptv.vic. gov.au)* in Melbourne fährt täglich zwischen 10 und 18 Uhr alle zehn Minuten kostenlos durchs Zentrum.

Leihräder plus Helm (Pflicht!) stellt *Melbourne Bike Share (ab 2,90 A$/ Tag | www.melbournebikeshare.com. au)* an vielen Stationen in der Stadt zur Verfügung.

AM ABEND

Ballett, klassische Konzerte, Theater- und Opernaufführungen finden weitgehend im *Victorian Arts Centre (Ticketbuchungen Mo–Fr 9–17 unter Tel. 1300 18 21 83 | oder www.ticketmaster.com.au)* statt. Restkarten zum halben Preis (nur Barzahlung) gibt es am Tag der jeweiligen Vorstellung am *Halftix-Kiosk (Mo 10–14, Di–Fr 11–18, Sa 10–16 Uhr | Melbourne Town Hall)*.

Nachtschwärmer dürfen sich auf viel Abwechslung freuen. Eines der Zentren ist die *Brunswick Street*. In Szenetreffs wie der *Bar Open (tgl. 12–2 Uhr | Nr. 317 | www.baropen.com.au)* und im *Kodiak Club (Mi–So ab 17 Uhr | Nr. 272 | www. kodiakclub.com)* begegnet man eher der Alternativszene. Doch auch *South Yarra* mit seinen Trendcafés, Bars und Diskotheken ist beliebt – insbesondere die Chapel Street. Eine beliebte Ausgeh-meile sind am Wochenende auch einige Teile der *Docklands.* Alle Auftritte in der Szene erfahren Sie unter *www.beat.com.au,* dem Onlineauftritt von Melbournes größtem Streetpaper.

TRAVELODGE

Gutes Standardhotel an der Southbank neben dem Eureka Tower. 275 Zimmer mit Miniküche, Fernseher, Internet. *9 Riverside Quay/Southgate Av. | Tel. 03 86 96 96 00 | short.travel/aus8 | €€*

Metwürste à la Downunder auf dem Queen Victoria Market

ÜBERNACHTEN

CLARION SUITES GATEWAY

Sympathisches Hotel mit großzügigen Apartments, zentral gelegen. Die River-View-Zimmer (ab dem siebten Stock auch spürbar leiser) lassen auf den Yarra River und das quirlige Southgate mit vielen Restaurants blicken. *120 Apartments | 1 William Street | Tel. 03 92 96 88 88 | www.clarionsuitesgateway.com.au | €€–€€€*

THE LINDRUM

Klassisches Boutiquehotel mitten im Zentrum, schräg gegenüber die Haltestelle der kostenlosen City Circle Line. *59 Zi. | 26 Flinders Street | Tel. 09 66 81 11 10 | www.hotellindrum.com.au | €€€*

AUSKUNFT

MELBOURNE VISITOR INFORMATION CENTRE

Zum Infocenter gehört der Shop *Best of Souvenirs* mit guten Landkarten und Buchungsangeboten. *Federation Square | Flinders Street/Russell Street | Tel. 03 96 58 99 55 | www.visitvictoria.com | www.visitmelbourne.com/de | www.thatsmelbourne.com.au*

ZIELE IN DER UMGEBUNG

INSIDER TIPP ▶ **APOLLO BAY**

(190 C3) *(ﾉﾉ G7)*

Das hübsche Fischerdorf (2500 Ew.) etwa 130 km südwestlich von Melbourne mit

Strand und abwechslungsreichem Hinterland eignet sich gut für einen längeren Aufenthalt auf der *Great Ocean Road* (s. S. 140). Übernachten können Sie im *Captain's at the Bay (21 Pascoe Street | Tel. 03 52 37 67 71 | www.captains.net.au | €€)*. Moderne australische Küche bietet *La Bimba (tgl. | 125 Great Ocean Road | 1. Etage | Tel. 03 52 37 74 11 | €€)*, vor allem frischen Fisch und Langusten.

BALLARAT (190 C2) *(⊓ G7)*

Hier begann 1851 der australische Goldrausch, hier wurden einige der größten Goldnuggets der Welt gefunden. Wer selber Gold suchen, in einer Postkutsche reisen oder hübsch "behütete" Damen in Reifröcken bewundern möchte, sollte unbedingt Ballarat (85 000 Ew.), 110 km nordwestlich von Melbourne, besuchen. Die alte Stadt inklusive ihrer Bäckereien, Pubs, Minentunneln und einer kleinen Schule ist im *Sovereign Hill Gold Mining Township (tgl. 10–17 Uhr | 50 A$ | Main Road/Bradshaw Street | www.sovereignhill.com.au)*, einem Museum am Stadtrand, noch lebendig. Abends erinnert die 90-minütige "Sound & Light Show" *(tgl. 2 Vorstellungen | 60 A$ | unbedingt vorbuchen, Tel. 03 53 37 11 99)* an den Aufstand der Goldgräber gegen die britische Kolonialregierung 1854, die sogenannte *Eureka Stockade*, die blutig niedergeschlagen wurde.

Die *Sovereign Hill Lodge (200 Betten | Magpie Street | Tel. 03 53 33 34 09 | www.sovereignhill.com.au | €–€€€)* gleich neben dem Museum verfügt über Unterkünfte aller Preisklassen von Schlafsälen bis zu Luxuszimmern im viktorianischen Stil. *www.ballarat.com*

PHILLIP ISLAND ⭐ (191 D3) *(⊓ G7)*

Die Insel 140 km südöstlich von Melbourne ist über eine Brücke zu erreichen. Tolle Strände wie der *Cape Woolamai Beach* laden zum Schwimmen und Sonnenbaden ein. Am *Summerland Beach* im Süden springen jeden Abend winzige Fairy-Pinguine an Land, um sich

Beschauliches Bild: Freizeitboote im Hafen von Port Fairy

in „würdevollen" Prozessionen zu ihren Höhlen (www.penguins.org.au) zu begeben. Das Beobachten der Pinguine ist allerdings streng reguliert. Tickets erhalten Sie beim *Phillip Island Information Centre (24 A$ | www.visitphillipisland. com | www.visitbasscoast.com)*, 1 km hinter der Brücke von San Remo, täglich zu unterschiedlichen Zeiten. Eine weitere Attraktion ist das *Nobbies Centre* an der Südwestspitze, von wo aus die zweitgrößte Robbenkolonie der Welt, bestehend aus ungefähr 20 000 Tieren, beobachtet werden kann – aber nur per Hightech-Kameraübertragung auf Bildschirmen. Interessante Bootstouren veranstaltet *Wildlife Coast Cruises (ab 40 A$ | Tel. 1300 76 37 93 | www. wildlifecoastcruises.com.au)*. Im *Holmwood Guesthouse B & B (6 Zi. | 37 Chapel Street | Cowes | Tel. 03 59 52 30 82 | www. holmwoodguesthouse.com.au | €€– €€€)*, einem historischen Cottage nahe am Strand, kann man im Haus oder in zwei kleineren Nebengebäuden wohnen.

PORT FAIRY (190 B3) (ⓜ G7)

In der denkmalgeschützten Hafenstadt (4000 Ew.) am Ende der Great Ocean Road (s. S. 140) kann man sich herrlich von der Fahrt ausruhen. *Oscars Waterfront Boutique Hotel (41b Gipps Street | Tel. 03 55 68 30 22 | www. oscarswaterfront.com | €€€)* bietet fünf luxuriöse, liebevoll eingerichtete Doppelzimmer mit Aussicht auf den Fluss und die Gärten der wunderschönen alten Villa. Das Hotel *Victoria (tgl. | €€)* serviert moderne australische Küche. Vermietet werden auch sieben gut ausgestattete Apartments in Sandsteincottages in der Nähe des *Hotels (42 Bank Street | Tel. 03 55 68 28 91 | www.thevichotelportfairy. com.au | €€)*. Auskunft: *Visitor Information Centre (22 Bank Street | Tel. 03 55 68 26 82 | www.greatoceanroad.org)*

Die Zeit des Goldrauschs bleibt in Sovereign Hill lebendig

INSIDER TIPP WILSONS PROMONTORY NATIONAL PARK (191 D3) (ⓜ H7)

Die Halbinsel Wilsons Promontory liegt in den Gippslands, etwa 200 km südöstlich von Melbourne (Küstenstraße Richtung New South Wales) und ist ein Paradies für Wombats *(Norman Beach)*. Die ebenfalls hier lebenden Kängurus, Wallabys, Possums, Emus und Koalas sind vor allem in der Dämmerung aktiv. Bunte Papageien und Tausende von Wasservögeln leben in den Eukalyptuswäldern und Sümpfen der Flussmündung, und vor den weißen Stränden der Halbinsel tummeln sich Delphine, Pinguine und Seehunde. Im Nationalpark selbst kann man nur am *Tidal River* übernachten: Zeltplätze, Apartments und *cabins (Tel. 03 56 80 95 00 | €)*; Nahrungsmittel müssen mitgebracht werden. Außerhalb des Parks gibt es Unterkünfte in *Yanakie, Sandy Point, Waratah Bay, Walkerville* und *Foster. www.promaccom.com.au*

QUEENSLAND

Taucher schweben über schwankenden Weichkorallen. Riesige Venusmuscheln öffnen ihre grün samtenen Lippen. Haie jagen Tausende von bunten Fischen in türkisfarbenen Lagunen zwischen spitzigen Korallenformationen.

Das sich an der Ostküste Australiens über eine Länge von 2300 km erstreckende ⭐ *Great Barrier Reef* mit seiner faszinierenden Unterwasserwelt ist die Hauptattraktion von Queensland: Es besteht aus rund 3000 Einzelriffen und über 2000 tropischen Inseln. Das Riff zieht sich von der Gegend oberhalb von Bundaberg bis zur nördlichsten Spitze von Cape York. Doch Queensland bietet noch viel mehr: perfekte Surfwellen an der Gold Coast, alternatives Leben in den Bergen des Hinterlands, die lebhafte, sub-tropische Hauptstadt Brisbane, faszinierende Aboriginekultur und unberührte Nationalparks im abenteuerlichen Cape York, riesige *cattle stations* mit Tausenden von Rindern und Bergbaustädte in den Savannen und Wüsten des Outbacks. Queensland (www.queensland-australia.eu) ist mit 1,7 Mio. km² der zweitgrößte Staat Australiens und fast dreimal so groß wie Deutschland – mit nicht einmal 5 Mio. Einwohnern.

AIRLIE BEACH

(181 D2) (⌕ H3) **Bei Proserpine weit südlich von Townsville zweigt die Stichstraße an die Küste nach Airlie Beach (8000 Ew.) ab.**

Korallenriffe, Trauminseln und Regenwälder: Queensland gilt als das Ferienparadies (nicht nur) der Australier

Schon zuvor haben großflächige Werbetafeln am Rand des Bruce Highway zum Besuch der Whitsunday Islands aufgefordert. Airlie Beach ist ein Hort der Lebenslust: Groß ist nicht nur das Angebot an wassersportlichen Aktivitäten; insbesondere Tauch- und Schnorchelausflüge in die Whitsunday-Gewässer lohnen das Geld. In den späten Stunden tobt sich die jugendliche Szene in Diskotheken und Kneipen an der einzigen Hauptstraße des Orts, der Airlie Beach Road, unter freiem Himmel aus.

ESSEN & TRINKEN

WHITSUNDAY SAILING CLUB ☆

Meet the locals! Die große Terrasse bietet fantastischen Meerblick, das Essen ist verlässlich gut und großzügig portioniert. *Tgl. | Airlie Point | Tel. 07 49 49 78 94 | €€*

FREIZEIT & SPORT

CRUISE WHITSUNDAYS

Organisierte Tagestouren zum Riff mit Aufenthalt zum Schnorcheln oder

Auch aus der Luft paradiesisch schön: die Whitsunday Islands

Ausflüge zu verschiedenen Inseln ab 195 A$ (Three Island Guided Tour). *Port of Airlie | Tel. 07 48 46 70 00 | ww.cruisewhitsundays.com*

FLUG ÜBER DAS RIFF

Das Great Barrier Reef aus der Luft- und zu Wasser: Das Wasserflugzeug von Air Whitsunday landet nach einem Rundflug direkt am Riff, wo es seine Passagiere zu einem Schnorchelaufenthalt entlässt. Gesamtdauer: 4,5 Std. *490 A$ | Tel. 07 49 46 91 11 | www.airwhitsunday.com.au*

TAUCHEN

Viele Tauchschulen bieten mehrtägige Ausflüge bzw. Kurse für Anfänger und erfahrene Taucher ab etwa 300 A$ an. Empfehlenswert ist z. B. *Whitsunday Scuba Centre (230 Sugarloaf Road | Tel. 07 49 46 10 67 | www.whitsundaydivecentre. com.au)*.

ÜBERNACHTEN

INSIDER TIPP ▸ AIRLIE WATERFRONT B & B

Drei klimatisierte, hübsch eingerichtete Zimmer oder Apartments mit Meerblick – und morgens gibt es ein tropisches Frühstück auf der Veranda. *Broadwater Av./ Mazlin Street | Tel. 07 49 46 76 31 | www. airliewaterfrontbnb.com.au | €€€*

CORAL SEA RESORT

Hotel mit Palmen, Swimmingpool und Aussicht auf die Whitsundays. *77 Zi. | 25 Ocean View Av. | Tel. 07 49 46 64 58 | www.coralsearesort.com | €€*

ZIELE IN DER UMGEBUNG

Vor der Küste um Airlie Beach liegen 74 tropische Inseln und zahlreiche Inselchen, die *Whitsunday Islands* (181 D2) (*H3*).

Nur acht von ihnen sind bewohnt. Einige sind reine Ferieninseln mit Hotelanlagen und Nachtleben, andere geschützte Nationalparks, die man auf Tagesausflügen besuchen kann. Ausflugsboote setzen Romantiker und Abenteurer für eine Nacht oder ein paar Tage auf einer der vielen unbewohnten Inseln ab. *Whitsunday Island*, die unbewohnte Hauptinsel, ist ein besonders schöner Nationalpark mit Mangrovenwäldern und dem schneeweißen, feinsandigen *Whitehaven Beach*, dem schönsten Strand von Queensland. *Lindeman, Long Island* und *South Molle Island* verfügen jeweils über Unterkünfte. Auskunft: *Tourism Whitsundays (Bruce Highway | Proserpine | Tel. 07 49 45 37 11 | www.tourismwhitsundays.com | www.mywhitsunday.com)*.

DAYDREAM ISLAND (181 D2) (*ᗕ H3*)
Ein Eiland wie aus dem Traumreisenkatalog: weiß gebleichte Korallensandstrände, dahinter im Wind sanft schunkelnde Palmen und im Innern blühende Gärten unter regenwaldbedeckten Hängen. Verständlich, dass die winzige, nur etwa 1 km lange und 5 km vom Festland entfernte Insel vielen einen Tagesausflug (ca. 100 A$) wert ist. Am langen Sandstrand bietet der *beach club* Annehmlichkeiten wie Schwimmbecken, Gastronomie und alle möglichen Wassersportutensilien zum Ausleihen. Wer im *Daydream Island Resort (122 Zi. | Tel. 07 49 48 84 88 | www.daydreamisland. com | €€€)* übernachtet, kann sich abends vom Outdoorkino unterhalten lassen. *Fähre ab Port of Airlie oder Hamilton Island | www.cruisewhitsundays.com*

HAMILTON ISLAND (181 D2) (*ᗕ H3*)
Die größte der Whitsundays besitzt auch die beste touristische Infrastruktur – mit allen Vor- und Nachteilen. Mit Düsenjets kann man die Insel von Melbourne und Sydney aus direkt anfliegen (etwas teurer als der Flug nach Proserpine, aber man ist schneller am Urlaubsort), dafür sorgen die diversen Hotels für spürbar größeren Andrang an den Stränden. Von Hamilton aus verkehren regelmäßig Fähren zu den anderen Inseln, einige davon kann man auch im Rahmen einer Tagestour besuchen. *www.hamiltonisland. com.au*

HAYMAN ISLAND (181 D2) (*ᗕ H3*)
Auf der nördlichsten Insel der Whitsunday-Gruppe bietet ein Resort der Superlative allen Luxus, und im ● *Spa* können

---

★ **Great Barrier Reef**
Die Attraktion an der Ostküste des Kontinents: Millionen bunte Fische, Delphine, Korallen und tropische Inseln → S. 68

★ **Fraser Island**
Wale, Delphine und Dingos leben im unwirklich blauen Wasser vor und in den Urwäldern der riesengroßen Sandinsel → S. 76

★ **Skyrail**
Gondeln gleiten über Schluchten und die Baumkronen des Regenwalds → S. 78

★ **Tjapukai Cultural Centre**
Kultur, Geschichte und Mythen der örtlichen Aborigines → S. 78

★ **Daintree National Park und Cape Tribulation**
Tropische Regenwälder, Traumstrände und wolkenumhüllte Berge → S. 81

MARCO POLO HIGHLIGHTS

Sie sich so richtig verwöhnen lassen. *Hayman Resort (244 Zi. | Tel. 07 49 40 18 38 | hayman.oneandonlyresorts.com | €€€)*

MOUNT ISA (179 D2) *(∅ F3)*

In der urigen Minenstadt (22 000 Ew.) 1000 km westlich von Airlie Beach erwartet Sie ein Highlight: Eine hervorraben, wie Fossilien aus dem zum Unesco-Welterbe gehörenden Riversleigh-Gebiet nahe Mount Isa präpariert werden. Auch die Kalkadoon-Aborigines informieren über die Kultur der einstigen Ureinwohner, die in dem Gebiet um die Stadt lebten. Infos. Ausflugstipp: Einen ganzen Tag sind Sie mit beim *Mail Run* von *West*

Yee-haw! Wer möchte, kann sich im Outback at Isa auch mit einem Bullen messen

gende Zusammenfassung aller Attraktionen und Charakteristika der Stadt, aber auch des Outbacks liefert der Park *Outback at Isa (tgl. 8.30–17 Uhr | 12 A$)* mit dazugehörigem *Visitor Information Centre (19 Marian Street | Tel. 07 47 49 15 55 | www.outbackatisa.com.au)*. Auch die Untergrundtour in der ● *Hard Times Mine (ca. 50 A$ | Reservierung notwendig*, einem 1,2 km langen Schacht, sollten Sie keinesfalls auslassen, um wirklich nachvollziehen zu können, wie hart die Bergleute Tag für Tag schuften mussten. Im angeschlossenen *Riversleigh Fossils Centre and Laboratory* können Sie miterle-*Wing Aviation (Tel. 1300 93 78 94 | www.westwing.com.au)* in der Einsamkeit des Outbacks unterwegs und fliegen dabei eine Reihe von Farmen an, auf denen Sie aber jeweils nur einen kurzen Aufenthalt haben.

Reizvoll ist auch ein Ausflug in den **INSIDER TIPP** *Lawn Hill National Park*, eine tropische Oase mit Bademöglichkeiten in der *Lawn Hill Gorge*. Besuchen Sie dort unbedingt die *Riversleigh Fossil Fields*, eine der vier bedeutendsten Fossilienfundstätten der Welt mit einzigartigen Zeugnissen der urzeitlichen australischen Tierwelt.

BRISBANE

KARTE IM HINTEREN UMSCHLAG
(189 F1) *(Ⓜ J5)* **Noch in den 1980er-Jahren war Brisbane nicht viel mehr als ein verschlafener, provinzieller Zwischenstopp, in dem Reisende sich auf den Weg in den tropischen Norden vorbereiteten.**

Heute ist die Stadt eine eigene Destination für Urlauber aus aller Welt. Promenaden am *Brisbane River,* gute Einkaufsgelegenheiten, ein großes kulturelles Angebot, erstklassige Restaurants und ein Unterhaltungsbezirk in *South Bank* sind die Charakteristika dieser Stadt, die einst ihren Anfang als Sträflingskolonie nahm.

Die Entdeckung und Ausbeutung von Bodenschätzen in benachbarten Gebieten sowie die Ankunft von Einwanderern aus aller Welt verhalfen der Stadt in den 1950er- und 1960er-Jahren zu größerer Bedeutung. Einen wesentlichen Einfluss auf die Entwicklung von Brisbane zu einer internationalen Metropole hatte auch die Weltausstellung 1988. Heute leben knapp über 2 Mio. Menschen in der drittgrößten Stadt Australiens und Hauptstadt von Queensland, die Anfang 2011 mit einer großen Flutkatastrophe zu kämpfen hatte.

SEHENSWERTES

LONE PINE KOALA SANCTUARY ●
Vertreter der australischen Tierwelt wie Koalas, Kängurus, Possums, Emus, Schnabeltiere und Wombats leben auf dem ausgedehnten Gelände, das etwa 8 km südwestlich der Innenstadt beginnt. Lone Pine ist der größte Koalapark der Welt. *Tgl. 8.30–17 Uhr | 35 A$ | Fig Tree Pocket | Jesmond Road | www.koala.net*

CITY WOHIN ZUERST?
Das übersichtliche Stadtgefüge lässt sich von allen Ecken leicht erobern, aber wirklich mittendrin ist man auf dem **King George Square:** Gehen Sie die paar Meter bis zur verkehrsberuhigten Queen Street Mall mit all ihren klimatisierten Shoppingcentern und schattig platzierten Cafés und weiter bis zum Brisbane River, um vom Ufer aus die Sehenswürdigkeiten der Stadt zu entdecken. Wer mit dem Zug von außerhalb kommt, steigt an der Roma Street Station aus, Busse aus allen Richtungen halten im Zentrum. Für Autofahrer gibt es Parkhäuser, z. B. im Myer Centre.

QUEENSLAND CULTURAL CENTRE
Der wuchtige Betonkomplex am südlichen Flussufer und zu beiden Seiten der Victoria Bridge in den South Bank Parklands hat es in sich: Galerie, Museum, Bibliothek, Theater. Die *Queensland Art Gallery (tgl. 10–17 Uhr | 20 A$ | www.qagoma.qld.gov.au)* überrascht mit anspruchsvoller Kunst der Ureinwohner und Malerei oder Bildhauerei europäischer Künstler in wechselnden Ausstellungen und besitzt mit der *Gallery of Modern Art (GoMA)* die größte Galerie für moderne Kunst in Australien. Das *Queensland Museum (tgl. 9.30–17 Uhr | 14,50 A$ | www.qm.qld.gov.au)* informiert anschaulich über Historie und Naturgeschichte des Bundesstaats. *www.arts.qld.gov.au/arts/culturalcentre*

SOUTH BANK PARKLANDS
In der Nachbarschaft der Museen, am Südufer des Brisbane River, wurde das 160 000 m² große ehemalige Ausstellungsgelände der Expo 88 zu einem tol-

len Erlebnispark umgestaltet *(zu erreichen über die Victoria oder die Goodwill Bridge)*. Als origineller Badesee wurde eine Lagune mit einem künstlich aufgeschütteten Sandstrand *(Streets Beach)* angelegt, und das ☄ *Wheel of Brisbane (Mo–Do 11–21.30, Fr, Sa 10–23, So 10–22 Uhr | 17,50 A$ | thewheelofbrisbane. com.au)* ermöglicht den Blick auf die Skyline aus 60 m Höhe. Drumherum gibt es viele Restaurants und Imbissbuden, am Wochenende findet ein Lifestylemarkt statt. *www.visitsouthbank.com.au*

ESSEN & TRINKEN

Ausgezeichnete Restaurants finden Sie am *Riverside Centre* und *Eagle Street Pier*

LOW BUDGET

Eine gute Alternative zu den kommerziellen Campgrounds sind die vielen ausgewiesenen Übernachtungsplätze in den Nationalparks Queenslands für ca. 6,50 A$ pro Person. Die Ausstattung beschränkt sich zwar auf das Nötigste, aber Toiletten sind immer vorhanden, manchmal sogar Duschen. Achtung: Reservierung *(Tel. 13 74 68 | short.travel/aus9)* ist Pflicht!

Im Gegensatz zur meist teuren Gastronomie bietet der örtliche Surfclub von Palm Cove vernünftige Preise.

Innerhalb der (künstlichen) Lagune von Cairns kann man das selbst mitgebrachte Steak kostenlos auf den meist sauberen Grillplatten brutzeln: perfektes City-Barbecue in angenehmer Atmosphäre.

sowie im *Fortitude Valley* und in *New Farm (Merthyr Road/Brunswick Street)*. *Given Terrace* und *Caxton Street (Paddington)* sowie *Park Road (Milton)* sind weitere Adressen, ebenso die *South Bank*.

ANISE

In der wohl besten Weinbar der Stadt bekommen Sie sehr gute Gerichte der französischen Küche. *697 Brunswick Street | Tel. 07 33 58 15 58 | Mo–Sa abends, Do–Sa auch mittags | €€*

BREAKFAST CREEK HOTEL

Beliebter Biergarten, der für seine mächtigen Steaks bekannt ist. *Tgl. | 2 Kingsford Smith Drive | Tel. 02 32 62 59 88 | www.breakfastcreekhotel.com | €*

INSIDER TIPP ▶ TUKKA

„Takka" wird das Restaurant ausgesprochen, ähnlich wie „Tucker", der umgangssprachliche Begriff für alles, was eine Mahlzeit ausmacht. Auf den Tisch kommt feinstes *bush food*, innovativ und vor allem typisch australisch. *Di–So abends, Sa, So auch mittags | 145b Boundary Street | West End | Tel. 07 38 46 63 33 | www.tukkarestaurant.com.au | €€*

EINKAUFEN

Haupteinkaufsstraße ist die *Queen Street Mall* mit der hübschen *Brisbane Arcade*. Originell ist der *Riverside Market (So 8–16 Uhr | Eagle Street Pier)*.

AM ABEND

Eine Reihe guter Bars und Nachtclubs finden Sie im *Fortitude Valley* an der *Ann Street*, z. B. den *Beat Mega Club (Nr. 677)* und das *GPO Hotel (Nr. 740)*. Gute Livemusik (vor allem Hip-Hop, Jazz oder Rock) gibt es im *The Zoo (Mi–Sa | 711 Ann Street)*. International ist die Atmosphäre in der *Downunder-Bar (Edward Street | an der Central Station unterhalb des Backpackerhotels)*.

Tel. 07 33 64 08 00 | www.rydges.com | €€–€€€

ÜBERNACHTEN

HOTEL IBIS BRISBANE
Gutes Mittelklassehotel, im Zentrum der Stadt gelegen. *218 Zi. | 27–35 Tur-*

AUSKUNFT

BRISBANE TOURISM
Queen Street (im Eingangsbereich des ehemaligen Regent Cinema) | Tel. 07 30 06 62 90 | www.visitbrisbane.com.

Handabdrücke der Garinbal-Aborigines in der Carnarvon Gorge

bot Street | Tel. 07 32 37 23 33 | www. ibishotel.com | €€

au | www.brisbane-australia.com | www. adventurequeensland.com

KOOKABURRA INN BACKPACKERS
Einfache Unterkunft für Junge und jung Gebliebene. *18 Zi. | 41 Phillips Street | Tel. 07 38 32 13 03 | www.kookaburra-inn. com.au | €*

RYDGES SOUTH BANK
Zentral an der South Bank gelegen, Zimmer teilweise mit Blick auf den Fluss und die Innenstadt. *305 Zi. | 9 Glenelg Street |*

ZIELE IN DER UMGEBUNG

INSIDER TIPP CARNARVON NATIONAL PARK (180 C5) (*m* H4)
Die etwa 750 km lange Fahrt von Brisbane über Roma zur Carnarvon Gorge lohnt sich: In der 200 m tiefen Schlucht des Carnarvon-Flusses haben uralte Pflanzenarten überlebt. Steile Felsüberhänge verbergen Felsmalereien und

Handabdrücke; sie stammen von den Garinbal-Aborigines, die dort schon vor Tausenden von Jahren nach Nahrung suchten. Auskunft: *Ranger Station (Tel. 07 49 84 45 05 | short.travel/aus10)*. Camper müssen sich Wochen vorher anmelden. Eine Alternative ist die *Carnarvon Gorge Wilderness Lodge (Tel. 07 49 84 45 03 | www.carnarvon-gorge.com | €€–€€€)*, 30 Safarikabinen, Mahlzeiten und Touren inklusive.

FRASER COAST (181 F5) *(ψ J4)*

Die Fraser Coast 300 km nördlich von Brisbane ist besonders aus zwei Gründen bekannt. Hervey Bay (sprich: „Harvi") gilt unter Kennern als ein exzellenter Ort, um Wale zu beobachten. Auch ⭐ *Fraser Island* ist weltweit einmalig: Mit einer Fläche von 1840 km^2 ist sie die größte Sandinsel der Erde und wurde 1992 als Unesco-Welterbe unter Schutz gestellt. Die Insel ist bis zu 240 m hoch und Heimat einer außerordentlich vielfältigen Pflanzen- und Tierwelt. *Fraser Island* kann mit einer geführten Tour oder mit dem eigenen Allradfahrzeug *(Genehmigung erforderlich, www.qld.gov.au/camping)* entdeckt werden. Der Zugang zur Insel erfolgt entweder mit dem Flugzeug oder mit der Fähre ab Hervey Bay bzw. Rainbow Beach *(www.ourrainbowbeach.com. au)*. Die Regenwälder und etwa 40 Süßwasserseen sind über Sandpisten erreichbar. Einer der schönsten Seen mit einem schneeweißen Strand ist der *Lake McKenzie*. Das *Kingfisher Bay Resort (262 Zi. | Tel. 07 41 20 33 33 | www.kingfisherbay. com | €€€)* ist die beste Unterkunft.

Hervey Bay auf dem Festland ist vor allem bei Walbeobachtern bekannt *(www. whalewatching.com.au)*. Zwischen August und Oktober finden sich bis zu 3000 Buckelwale in den Gewässern vor der Stadt ein. Im *Urangan Boat Harbour* werden verschiedene Bootstouren angeboten. Auskunft: *Hervey Bay Tourism (Urraween Road/Maryborough Road | Tel.*

Ein guter Ort, um Wale zu beobachten: Hervey Bay an der Fraser Coast

07 41 24 29 12 | www.discoverherveybay. com | www.frasercoastholidays.info)

GOLD COAST (189 F2) (𝄢 J5)
Nur etwa 60 km südlich von Brisbane liegt die Gold Coast, eine 70 km lange Küste mit 35 zum Teil erstklassigen Surfstränden. Das Zentrum der Gold Coast, *Surfers Paradise*, ist ein Anblick, an den man sich gewöhnen muss: eine Skyline mit Hochhäusern, die an eine amerikanische Großstadt erinnert. In der Umgebung gibt es mehrere erstklassige Vergnügungsparks (s. S. 150), die man vom 300 m hohen *Q1-Apartmentgebäude (So–Do 8–20.30, Fr/Sa 8–24 Uhr | ca. 20 A$ | Hamilton Av. | www.q1.com.au)* in der Ferne sehen kann. Weitere Informationen bekommen Sie unter *www. visitgoldcoast.com*.

INSIDER TIPP ▶ LAMINGTON NATIONAL PARK (189 F2) (𝄢 F5)
Im Hinterland der Gold Coast, 180 km südlich von Brisbane, befindet sich dieser Nationalpark. Ein Wanderwegenetz von insgesamt 160 km erstreckt sich über das hügelige Gelände der McPherson Range. *O'Reilly's Rainforest Guesthouse (25 Zi. | Lamington National Park Road | via Canungra | Tel. 07 55 44 06 44 | www. oreillys.com.au | €€€)* bietet exzellent geführte Wanderungen durch den Regenwald an. Eine alternative Unterkunft ist die *Binna Burra Mountain Lodge (30 cabins | Beechmont | Tel. 07 55 33 37 58 | www.binnaburralodge.com.au | €€–€€€)*.

SUNSHINE COAST (181 F6) (𝄢 J5)
Auf einer Länge von über 150 km, zwischen Bribie Island und Fraser Island, reihen sich Traumstrände und hübsche Badeorte aneinander. Lohnend ist die Fahrt ab *Caloundra* bis *Noosa Heads (www. noosaeguide.com)* im Norden. Dieser schmucke Badeort ist mit der Schwesterstadt *Noosaville* das touristische Zentrum der Sunshine Coast *(www.sunshinecoast. com | www.visitsunshinecoast.com.au)*. Tagsüber locken herrlich breite und geschützte Strände wie *Main Beach, Marcus Beach* oder *Peregian Beach*. Abends macht man es sich in vielen Straßencafés und Restaurants auf der Hastings Street gemütlich, nachts flaniert man auf der Strandpromenade *(boardwalk)* unterm Sternenhimmel. Für kurze Wanderungen bietet sich der 4,3 km² große, stadtnahe *Noosa National Park* an. Nur mit mit dem Geländewagen *(www.fourwheeldrive. com.au)* erschließt sich die kunterbunte Sandsteinklippenlandschaft des *Cooloola National Park* im Norden. Gute Übernachtungsmöglichkeiten finden Sie unter *www.accomnoosa.com.au*. Kostengünstiger Transport ab Brisbane: *Tel. 07 54 50 59 33 | www.airshuttle.com.au*

CAIRNS

(173 F5) (𝄢 H2) Die Boomtown Cairns im Norden (160 000 Ew.) ist idealer Ausgangspunkt für Bootsausflüge zum Great Barrier Reef, für Wanderungen im tropischen Regenwald und für Ausflüge bis hoch zur Nordspitze am Cape York.

🏙 WOHIN ZUERST?
An der **Esplanade** im Zentrum pulsiert das Leben: Gastronomie jeder Art, Hotels, die einladende Badelagune und Einkaufsstraßen um die Ecke. Zum Hafen und den Schiffstouren Richtung Great Barrier Reef ist es ein Spaziergang. Vom Bahnhof sind es nur ca. 15 Min. zu Fuß, vom Flughafen fährt man die 10 Min. mit Taxi oder Shuttlebus.

Aus der Seilbahn Skyrail können Sie den Regenwald von oben betrachten

Bevor der Bruce Highway in Cairns sein nördliches Ende nimmt, führt er vorbei an Motels, Hotels und Apartmentbauten, die vom boomenden Tourismus zeugen. Die quadratisch angelegten Straßen im Zentrum sind ein Einkaufsparadies, angefüllt mit teils aus Massenfabrikation stammenden Souvenirs, Wassersportutensilien und Textilmode. Sobald es dunkel wird, schalten die zahlreichen Restaurants und Kneipen an der Esplanade ihre neonfarbigen Lichtreklamen ein. Die meisten Haltepunkte des Hop-on-Hop-off-Doppeldeckerbusses (tgl. 9–18.30 Uhr, alle halbe Stunde | Tagesticket 35 A$ | www.cairnscityexplorer.com.au) liegen innerstädtisch und sind somit auch gut zu Fuß zu erreichen.

SEHENSWERTES

FLECKER BOTANIC GARDENS

Mehr als 100 Palmenarten, Orchideen und Schlingpflanzen geben einen ersten Eindruck von der Vielfalt der Tropen. Der *Aboriginal Plant Use Garden* zeigt Pflanzen, die die Aborigines schon vor Jahrtausenden als Nahrungsmittel oder Heilpflanzen nutzten. *Collins Av. | Mo–Fr 7.30–17.30, Sa, So 8.30–17.30 Uhr*

SKYRAIL ★

Die 7,5 km lange Seilbahn führt in das bergige Hinterland von Cairns mit einer faszinierenden Vegetation. Die Gondeln gleiten über die Täler, zu sehen sind dabei auch die Wasserfälle des *Barron River*. An zwei Haltestellen, an denen man die Fahrt individuell unterbrechen kann, werden Flora und Fauna des Regenwalds erklärt. Der Zielort *Kuranda*, einst ein alternatives Hippiedorf, ist ein reichhaltiger Souvenirmarkt. Zurück fahren Sie am besten mit dem *Kuranda Scenic Train*, der sich auf abenteuerlicher Strecke hinab in die Ebene windet. Tipp: Buchen Sie die *Kuranda Classic Experience (ca. 140 A$)*, einen Ausflug, der morgens am Tjapukai Cultural Centre beginnt und Sie anschließend mit der Skyrail *(www.skyrail.com.au)* nach Kuranda und mit dem letzten Zug *(www.railaustralia.com.au)* am Nachmittag zurück nach Cairns bringt. Buchung z. B. bei *Tourism Tropical North Queensland (s. S. 80)*.

TJAPUKAI CULTURAL CENTRE ★

Der *Aboriginal Cultural Park* wird von örtlichen Aboriginegruppen betrieben und befindet sich gleich neben der Talstation der Seilbahn *Skyrail*. Eine Tour durch den Park umfasst eine Einführung in die Mythenwelt der australischen Ureinwohner und einen guten Film über die Geschichte der Aborigines seit der Ankunft der weißen Siedler, den Besuch eines Museums, eine Tanzdarbietung, eine Vorführung des Didgeridoos sowie Speer- und Bumerangwerfen. Auch Abendveranstaltungen. *Tgl. | 40 A$ | Buchungstel. 07 40 42 99 99 | www.tjapukai.com.au*

ESSEN & TRINKEN

OCHRE RESTAURANT ●

Rezepte und Zutaten der Aborigines machen den Reiz der Speisen in diesem ungewöhnlichen Restaurant aus. *Tgl. | 43 Shields Street | Tel. 07 40 51 01 00 | www.ochrerestaurant.com.au | €€*

EINKAUFEN

Am Wochenende verkaufen Künstler und Kunsthandwerker ihre Waren am Pier.

FREIZEIT & SPORT

ESPLANADE SWIMMING LAGOON
● ☀

Nur wenige Schritte vom Stadtzentrum entfernt chillen und erfrischen Sie sich in einer gepflegten Badelandschaft mit Blick aufs Meer. Was will man mehr, zumal der Freizeitspaß nichts kostet? Tipp: Sichern Sie sich einen der Barbecueplätze auf dem Rasen für eine Grillparty.

HELIKOPTERFLUG ☀

Eine tolle Sache: Rundflüge mit dem Helikopter über das Barrier Reef mit herrlichen Aussichten und Gelegenheiten, famose Foto- und Videoaufnahmen aus der Luft zu machen. 30- oder 45-Minuten-Flüge ab 400 A$ p. P. bei *GBR Helicopters (Tel. 07 40 81 88 88 | www.gbrhelicopters.com.au)*.

RIFFAUSFLÜGE UND KREUZFAHRTEN

Von Cairns aus werden Tagestouren zum Outer Reef, z. B. mit *Sunlover Reef Cruises (Tel. 07 40 31 10 55 | www.sunlover.*

Das Tjapukai Cultural Centre vermittelt einen Eindruck von der Lebensweise der Aborigines

com.au), angeboten oder von *Great Adventures (Tel. 07 40 51 56 44 | www. greatadventures.com.au)* ein Besuch auf der kleinen Koralleninsel Green Island. Komfortable Minikreuzfahrten mit einer Dauer zwischen drei und sieben Tagen hat *Captain Cook Cruises (1200– 2800 A$ | Tel. 07 40 31 44 33 | www. captaincook.com.au)* im Programm.

TAUCHEN

Diversion Dive Travel (20 Min. nördlich | Tel. 07 40 39 02 00 | short.travel/aus11) in *Palm Cove* veranstaltet Tages- und Mehrtagestouren in schnellen Booten zum Riff – mit Tauchunterricht in deutscher Sprache ab 300 A$.

ÜBERNACHTEN

BAY VILLAGE TROPICAL RETREAT

Das kleine Hotel liegt mitten in Cairns in Gärten mit tropischen Pflanzen und einem Swimmingpool. Die klimatisierten, geschmackvollen Zimmer (auch für Selbstversorger) sind mit Bambusmöbeln eingerichtet. *62 Zi. | Lake Street/ Gatton Street | Tel. 07 40 51 46 22 | www. bayvillage.com.au | €€–€€€*

DOUBLE TREE

Dieses sympathische Hotel der Mittelklasse liegt am Rand der Esplanade und damit zentral; von vielen der Zimmer können Sie Meeresblick genießen. *237 Zi. | Tel. 07 40 50 60 70 | short.travel/ aus12 | €€–€€€*

AUSKUNFT

TOURISM TROPICAL NORTH QUEENSLAND

51 The Esplanade | Tel. 07 40 51 35 88 | www.cairns-greatbarrierreef.org.au | www.destinationqueensland.com | www. tropical-australia.de

ZIELE IN DER UMGEBUNG

ATHERTON TABLELAND
(173 E–F5) (*ΩΩ H2*)

50 km westlich von Cairns ragen dicht bewachsene Berge vulkanischen Ursprungs bis zu 900 m hoch auf. In uralten Kratern, um tiefe Seen und spektakuläre Wasserfälle sind faszinierende Ökonischen entstanden mit einer Vielzahl tropischer Vögel und seltenen Tierarten. Eine der schönsten Stellen ist der geheimnisvolle *Mount Hypipamee*, dessen geologische Entstehung bis heute nicht geklärt ist. Überall im Tableland gibt es herrliche Wasserfälle mit kristallklaren Wasserlöchern. Vier der schönsten sind über die 15 km lange Strecke *Waterfall Circuit* ab *Millaa Millaa* zu erreichen. Unbedingt Badesachen mitnehmen!

Das zum großen Teil denkmalgeschützte historische Städtchen *Yungaburra* (1000 Ew.) ist ein guter Ort zum Übernachten, z. B. in der *Kookaburra Lodge (12 Zi. | Eacham Road/Oak Street | Tel. 07 40 95 32 22 | www.kookaburra-lodge. com | €€)*, einem kleinen Gartenhotel mit Pool. In Yungaburra gibt es auch einige gute Restaurants wie *Nick's Swiss-Italian Restaurant (deutschsprachig | Di–So abends, Fr–So auch mittags | 33 Gillies Highway | Tel. 07 40 95 33 30 | €€)* und Antiquitätenläden. Jeden vierten Sonntag im Monat findet im Ort ein uriger Markt statt. *www.athertontableland.com*

INSIDER TIPP CAPE YORK
(173 D1) (*ΩΩ G1*)

Cape York ist ein Ziel für echte Abenteurer. Der an drei Seiten von Meer umschlossene nördlichste Zipfel Australiens ist beinahe halb so groß wie Deutschland, doch es leben nur ungefähr 10 000 Menschen in dieser Wildnis. Die meisten sind Aborigines, die in eigenen Gebieten oder Siedlungen wohnen. Weite Teile von Cape York sind noch unerschlossen: Savannen mit meterhohen Termitenhügeln, lichte Eukalyptuswälder, wuchernder Regenwald. Eine einzige Straße führt von Cairns bis zur Spitze des Kontinents, *The Tip* oder *Pajinka* genannt. Die 974 km lange Strecke ist zum größten Teil Staubpiste und nur zur Trockenzeit von Mai bis Oktober befahrbar. Benzin und einfache ten tropischen Regenwälder Australiens vor dem Abholzen gerettet. Heute steht der atemberaubende Daintree National Park, 110 km nördlich von Cairns, als Teil des Unesco-Welterbes unter Schutz. Uralte Baumriesen, Lianen, Farne, Palmen und Moose gehen am Meer in Mangrovenwälder über. Einer der größten Vögel der Welt, der Laufvogel Kasuar, lebt in

Die Wanderung in der Mossman Gorge führt über diese Hängebrücke

Unterkünfte gibt es in *roadhouses* oder *stations* entlang der Straße. Man sollte sich für eine Strecke fünf bis sechs Tage Zeit nehmen. Ab Cairns gibt es geführte Touren, z. B. mit *Wilderness Challenge (7 Tage mit Rückflug nach Cairns ca. 3400 A$ | www.wilderness-challenge.com.au)*.

DAINTREE NATIONAL PARK UND CAPE TRIBULATION ★ (173 F4) (⌘ H2)
Die Proteste engagierter Umweltschützer haben die wichtigsten und schönsdieser begeisternden Wildnis. In den beiden größten Flüssen des Nationalparks können Sie auch Salzwasserkrokodile beobachten. Bootstouren auf dem *Daintree River*, Wanderungen in der *Mossman Gorge* und am traumhaften *Cape Tribulation* vermitteln einen guten Eindruck von der zerbrechlichen Schönheit des tropischen Nationalparks.

Daintree hat für die örtlichen Kuku-Yalanji-Aborigines eine hohe spirituelle Bedeutung. Entlang des **INSIDER TIPP** *Bama*

Way zwischen Daintree River und Cooktown gewähren ortsansässige Aboriginalstämme Einblicke in ihren Alltag. Entweder buchen Sie über *Adventure North Australia (ca. 720 A$ | Tel. 07 40 53 70 01 | www.adventurenorthaustralia.com)* eine zweitägige Tour oder stellen sich das Programm selbst zusammen *(www.bamaway.com.au)*.

Bis Cape Tribulation (ein empfehlenswerter Tagesausflug ab Cairns oder Port Douglas) ist die Straße asphaltiert, stellenweise aber schmal und führt mitten durch den Regenwald. Etliche Resorts laden unterwegs zur Rast ein. Eine wunderschöne Anlage mit 15 luxuriösen Villen mitten im Regenwald ist die 🌿 *Daintree Eco Lodge & Spa (Tel. 07 40 98 61 00 | www.daintree-ecolodge.com.au | €€€)* mit einem umfangreichen Wellnessangebot, in das auch Naturverfahren der Ureinwohner einfließen.

MISSION BEACH (173 F5) (*Ш H2*)

Weil Strandurlaub nördlich von Cairns sehr teuer geworden ist, sind Badeorte wie Mission Beach, 140 km südlich, besonders bei jungen Leuten beliebt. Mission Beach ist ein guter Ausgangspunkt für Wander- und Tauchtouren *(www.divethereef.com)*. Auch können Sie Tagesausflüge nach *Dunk Island (www.dunk-island.com)*, einer Regenwaldinsel mit einem sehr schönen Resort, unternehmen. *www.missionbeachtourism.com*

PORT DOUGLAS (173 F5) (*Ш H2*)

Mit dem *Captain Cook Highway* führt eine prächtige Panoramastraße dicht an der Küste entlang zum 70 km nördlich von Cairns gelegenen Port Douglas (5000 Ew.). Das bis Ende der 1980er-Jahre noch bescheidene Dörfchen hat sich mittlerweile zum mondänen Resortferienort gemausert – mit entsprechenden Preisen in den meist ausgezeichneten Hotels und Restaurants *(www.portdouglaswebs.com.au | www.infoportdouglas.com.au)*.

Der *Four Mile Beach* ist ein makelloser Strandabschnitt, der am Ende der Hauptgeschäftsstraße, der *Macrossan Street*, beginnt. Im kleinen Hafen mit dem hübschen Einkaufszentrum starten jeden Morgen mindestens ein Dutzend Segler und Katamarane zum Great Barrier Reef. *Quicksilver-Schiffe (ab 231 A$ | Tel. 07 40 87 21 00 | www.quicksilver-cruises.com)* legen nach ca. 90-minütiger Fahrt an einem vor Wellen geschützten Ponton am Outer Reef an. Von hier aus werden Tauch- und Schnorcheltouren unternommen.

PALM COVE (173 F5) (*Ш H2*)

Von den diversen Strandabschnitten, die sich nördlich von Cairns aneinanderreihen, ist Palm Cove (ca. 20 Fahrminuten) mit Sicherheit der mondänste. Entlang der ca. 1,5 km langen Promenade am makellosen Palmenstrand reihen sich luxuriöse Resorts, Cafés und Restaurants. Das *Peppers Beach House (169 Zi. | 123 Williams Esplanade | Tel. 07 40 59 92 00 | www.peppers.com.au | €€€)* liegt mitten im Ort, eine schöne, offene Anlage mit sandgesäumtem Poolbereich. Der (bewachte) Strandabschnitt befindet sich gegenüber.

TOWNSVILLE

(180 C1) (*Ш H3*) Die geschäftige Hafenstadt (175 000 Ew.) 280 km südlich von Cairns ist das wirtschaftliche Zentrum des Tropical North mit prunkvollen Kolonialgebäuden.

An der attraktiv angelegten Promenade *The Strand* mit vielen Restaurants, Schwimmbecken und Strandabschnitten

Die Hafenstadt Townsville ist das wirtschaftliche Zentrum des tropischen Nordens

(mit *Stinger*-Netzen) lässt es sich herrlich entspannen.

SEHENSWERTES

REEF HQ
Die hochinteressante Darstellung der Unterwasserwelt rund um das *Great Barrier Reef,* die hier in einem riesigen Aquarium gezeigt wird, sollten Sie nicht versäumen. *Tgl. 9.30–17 Uhr | 29 A$ | 2 Flinders Street East | www.reefhq.com.au*

ESSEN & TRINKEN

THE WATERMARK
Smartes Café und Restaurant in trendig-coolem Design mit moderner australischer Küche. Von der Terrasse des Hauses genießen Sie den Blick über die Straße auf die Grünanlage und das Meer. *Tgl. | 72 The Strand | Tel. 07 47 72 31 33 | www. watermarktownsville.com.au | €€€*

ÜBERNACHTEN

AQUARIUS ON THE BEACH ☙
Strand, Pool, Blick auf Magnetic Island. Zur Innenstadt ca. zehn Minuten. *120 Zi. | 75 The Strand | Tel. 1800 62 24 74 | www. aquariusonthebeach.com.au | €€*

AUSKUNFT

VISITOR INFORMATION
Flinders Mall | Tel. 07 47 21 36 60 | www. townsvillenorthqueensland.com.au

ZIEL IN DER UMGEBUNG

MAGNETIC ISLAND (180 C1) *(⌂ H3)*
Die Ferieninsel mit eher durchschnittlichen Stränden, 8 km von Townsville, ist auch Tagesausflugsziel. Fähren ab Breakwater Terminal: *Sealink (hin u. zurück ca. 33 A$ | www.sealinkqld.com.au). www. magnetc-island.com*

NORTHERN TERRITORY

Vom tropischen Norden bis zu den roten Wüsten des Inlands bietet dieser abgelegene und wenig besiedelte Teil Australiens eine breite Palette von Landschaften und touristischen Attraktionen.

1863 wurde das Northern Territory (230 000 Ew.) Teil von Südaustralien, mit Palmerston – 1911 umbenannt in Darwin – als Hauptstadt. Ein Goldrausch führte 1874 zu einem Ansturm von Neuzüglern. Die Hauptstadt Darwin wurde zweimal praktisch vernichtet: 1940 durch Bomben der japanischen Luftwaffe und 1974 vom Wirbelsturm Tracy. Trotzdem hat sich das Northern Territory gut behauptet und sich zu einem der wichtigsten Ziele für Millionen von Australienbesuchern entwickelt. Heute produziert die Industrie im 1,35 Mio. km² großen Territory neben verschiedenen Rohstoffen auch Rindfleisch, Perlen, Krokodilfleisch und Fisch für den Export nach Asien.

ALICE SPRINGS

(178 A4) (♩ E4) Das rote Zentrum mit der Stadt Alice Springs (28 000 Ew.) als Fokus ist eine der wichtigsten Destinationen für Besucher Australiens.

Der Ayers Rock oder Uluru, wie ihn die Anangu-Aborigines nennen, ist in den letzten Jahrzehnten zum Symbol für den Roten Kontinent geworden. Doch es ist nicht nur dieser imposante Monolith, den man einfach sehen muss: Ebenso be-

Wildnis ohne Grenzen: einsame Wüsten, lauschige Wasserfälle und eine wilde Küste, an der sich Krokodile sonnen

eindruckend sind die MacDonnell Ranges (s. S. 137) und der Kings Canyon.

(s. S. 137)

SEHENSWERTES

INSIDER TIPP ALICE SPRINGS DESERT PARK

Der Park ist eine Mischung aus Museum und Tierpark und vermittelt Ihnen einen guten Einblick in die Natur der zentralen Wüste. *Tgl. 7.30–18 Uhr | 25 A$ | Larapinta Drive | www.alicespringsdesertpark. com.au*

ANZAC HILL ☼

Von hier aus haben Sie einen guten Blick auf die Stadt. Bei Sonnenauf- und -untergang strahlt das MacDonnell-Gebirge im Hintergrund in phantastischem Rot.

OLD TELEGRAPH STATION RESERVE

Die liebevoll renovierte Telegrafenstation, 1872 aus gehauenen Felsblöcken erbaut, versetzt zurück in die Pioniertage Australiens. *Tgl. 8–19, im Sommer bis 21 Uhr | 6 A$ | North Stuart Highway | short.travel/aus13*

ROYAL FLYING DOCTOR SERVICE

1939 eröffneten die fliegenden Ärzte ihr Büro in Alice Springs. Die Vorführungen des etwa 15-minütigen, sehr interessanten Videos über die Arbeit des RFDS beginnen alle halbe Stunde, danach kann man einige Minuten dem Funkverkehr lauschen und Memorabilia besichtigen. *Tgl. 9–17, So ab 13 Uhr | 12 A$ | 8–10 Stuart Terrace | short.travel/aus14*

tengemeinde Papunya im typischen Punktestil ist nicht nur ein sehr schönes Andenken, sondern kann, je nach Künstler, auch eine Kapitalanlage sein. Direktverkauf der Papunya-Gemeinde bei *Papunya Tula Artists (63 Todd Mall | www.papunyatula.com.au).* Verlangen Sie bei teureren Werken unbedingt ein Echtheitszertifikat! Weitere Infos: *www.ankaaa.org.au* und *www.desart.com.au*

Aboriginalkunst in der Papunya-Tula-Galerie in Alice Springs

SCHOOL OF THE AIR

1,3 Mio. km^2 – das größte Klassenzimmer der Welt bietet viel Platz. Kinder im Outback bekommen den Schulunterricht über viele Hundert Kilometer hinweg via Internet direkt ins Haus. Durch eine Glasscheibe und über Lautsprecher können Sie verfolgen, wie der Lehrer seine fernen Schüler instruiert. *Mo–Sa 8.30–16.30, So ab 13.30 Uhr | 10 A$ | 80 Head Street | www.assoa.nt.edu.au*

EINKAUFEN

INSIDER TIPP Aboriginalkunst aus der 240 km nordwestlich gelegenen Wüs-

AM ABEND

Bojangles Saloon & Restaurant (80 Todd Street | www.bossaloon.com.au) bietet sich für einen Drink ebenso an wie die *Todd Tavern (1 Todd Mall).* Allerdings ist etwas Vorsicht angeraten: Wiederholt kam es, besonders in der Nacht, zu Konfrontationen zwischen alkoholisierten Aborigines und ahnungslosen Touristen!

ÜBERNACHTEN

DOUBLE TREE

Beliebtes Viereinhalbsternehotel etwas außerhalb des Zentrums. Ausgezeichnetes Thai-Restaurant *Hanuman (tgl. abends, Mo–Fr auch mittags | www. hanuman.com.au). 178 Zi. | 82 Barret Drive | Tel. 08 89 50 80 00 | doubletree3. hilton.com | €€*

DIPLOMAT ALICE SPRINGS

Gepflegtes Hotel mit schönem Pool und zentraler Lage mitten in der Stadt. *58 Zi. | Hartley Street/Gregory Terrace | Tel. 08 89 52 89 77 | www.diplomatmotel. com.au | €€*

AUSKUNFT

VISITOR INFORMATION CENTRE

Cnr Parsons Street/Todd Mall | Tel. 1800 64 51 99 | www.discovercentralaustralia. com | www.alicesprings.nt.gov.au | www. tourism.thealice.com.au

ZIELE IN DER UMGEBUNG

HERMANNSBURG (177 F4) (*ℳ E4*)

Das mehrheitlich von Aborigines bewohnte Dorf (450 Ew.) 126 km westlich von Alice Springs beheimatet eine ehemalige deutsch-lutherische *Missionsstation (März–Nov. tgl. 9–17 Uhr, Dez.–Feb. Di geschl. | 8 A$)*, die 1877 gegründet wurde. Eine gute und gelegentlich bedrückende Ausstellung erinnert an die nicht unbedingt gelungenen Versuche, mittels deutscher Zucht und Ordnung die Ureinwohner zum christlichen Glauben zu bekehren.

Bekannte Bewohner von Hermannsburg waren der Aboriginalmaler Albert Namatjira (1902–59), der Begründer einer neuen, eher westlich geprägten Art der Malerei des Outbacks *(Hermannsburg School)*, sowie der Ethnologe Ted Strehlow (1908–78), der bedeutendste Erforscher der Kultur der zentralaustralischen Arrente-Aborigines. *www. hermannsburg.com.au*

KINGS CANYON (WATARRKA) ★
(177 E4) (*ℳ E4*)

Noch vor wenigen Jahren ein Geheimtipp für Rucksacktouristen, hat sich der Kings Canyon, 420 km südwestlich von Alice Springs, zu einer der größten Attraktionen im Northern Territory entwickelt. Asphaltierte Straßen führen von Alice Springs oder dem Uluru über den *Lasseter Highway* und die *Luritja Road* fast bis zum Aufstieg in diese Millionen Jahre alte Sandsteinschlucht mit bis zu 270 m hohen Klippen. Eine Alternative ist die Fahrt über den *Mereenie Loop* ab Glen Helen oder Hermannsburg, für den allerdings ein Allradauto benötigt wird. Zwei Spaziergänge mit unterschiedlichem Schwierigkeitsgrad sind im Kings Canyon möglich. Eine Wanderung sollte allerdings nur zu den kühleren Tageszeiten unternommen werden. Wasser nicht vergessen!

★ **Kings Canyon (Watarrka)**
Vom Geheimtipp zum Anziehungspunkt für Tausende Touristen: Wandern in einem Millionen Jahre alten Gebirge
→ S. 87

★ **Uluru und Kata Tjuta**
Ein roter Monolith und 36 mysteriöse „Köpfe" → S. 88

★ **Kakadu National Park**
Beeindruckende Wildnis im tropischen Norden des Territory und eines der bekanntesten Naturschutzgebiete Australiens
→ S. 93

★ **Katherine Gorge**
Eine der schönsten Schluchten des Landes → S. 95

MARCO POLO HIGHLIGHTS

Eine Unterkunft finden Sie im 7 km vor der Schlucht liegenden *Kings Canyon Resort (128 Zi. | Tel. 08 89 56 74 42 | www.kingscanyonresort.com.au | €€–€€€)* oder der INSIDER TIPP *Kings Creek Station (25 cabins | Tel. 08 89 56 74 74 | www.kingscreekstation.com.au | €)*, einer Farm, von der es 35 km bis zur Schlucht sind.

ULURU UND KATA TJUTA ★ ●

(177 E5) *(🗺 E4)*

Der *Uluru* oder *Ayers Rock*, wie er früher genannt wurde, liegt etwa 450 km südwestlich von Alice Springs und ist auf Teerstraßen in einem gewöhnlichen Fahrzeug zu erreichen. Zwischen Alice Springs und Ayers Rock Resort verkehren auch Shuttlebusse *(ca. 5,5 Stunden | ca. 160 A$ one way | www.funtours.com.au)*. Der 348 m hohe Monolith, der sich einem Eisberg gleich mehrere Kilometer tief in den Boden erstreckt, lockt jedes Jahr Hunderttausende ins rote Zentrum. Für die Anangu-Aborigines aber ist er von größter spiritueller Bedeutung und ein wichtiger Zeuge ihrer Schöpfungsgeschichte. Seit 1985 sind der Uluru und die benachbarten Kata Tjuta Teil eines 1325 km² großen Nationalparks, der nun wieder im Besitz der Anangu ist.

Der Eingang zum Park *(25 A$)* befindet sich rund 15 km vor dem Uluru. An der Strecke gibt es zwei Parkplätze, von denen aus man den Sonnenauf- bzw. -untergang beobachten kann. Es herrscht Alkoholverbot, Gruppentouren sind davon jedoch ausgenommen. Auch direkt am Uluru gibt es mehrere Parkplätze, von denen aus Sie die Basis des Bergs erkunden können. Das *Ayers Rock Resort (Yulara) (www.ayersrockresort.com.au)* ist das Versorgungszentrum am Uluru, ca. 15 km vom Felsen und 6 km vom Flughafen entfernt. Es gibt eine Pizzeria und Imbissstuben, einen Supermarkt, Buchungsbüros, Souvenir- und Textilgeschäfte sowie Hotels jeder Übernachtungskategorie inklusive Campingplatz.

Die Ureinwohner fordern seit Langem ein Verbot, den für sie heiligen Berg zu besteigen. Eine viel bessere Alternative ist ohnehin der 9,4 km lange Rundgang um den Monolithen. Eine Info-Broschüre gibt es im *Tours & Information Centre (tgl. 8–19 Uhr)* innerhalb des *Ayers Rock Resort (Yulara)*, das auch gut geführte Touren *(ab ca. 95 A$, auch Gratistouren)* sowie einen ausgezeichneten Audio-Rundgang in deutscher Sprache organisiert bzw. vermittelt. Auf dem *Liru Walk* beispielsweise wird die mit dem Felsen verbundene Mythologie erklärt und gezeigt, wie Aborigines über Jahrtausende in diesem scheinbar unwirtlichen Land überlebt haben. Die Spaziergänge können auch im *Uluru-Kata Tjuta Cultural Centre (tgl. 7–18 Uhr | Eintritt frei | short.travel/aus15)* gebucht werden. Es beherbergt zudem eine interessante Ausstellung zur Anangu-Kultur und der Natur im Park und ist der ideale Ausgangsort für einen Besuch des Uluru.

Unvergesslich ist das *Sounds of Silence Dinner (ca. 200 A$ pro Pers. | www.ayersrockresort.com.au/sounds-of-silence):* In einiger Entfernung zum Uluru werden zum Sonnenuntergang Tische festlich gedeckt und ein Buffet aufgebaut. Eine Beobachtung der Sterne schließt den Abend am Lagerfeuer ab.

Das 50 km vom Uluru gelegene *Kata-Tjuta-Gebirge* ist eine 35 km² große Ansammlung von 36 gerundeten Hügeln. Der höchste dieser „Köpfe" (kata tjuta = viele Köpfe) ist 200 m höher als der Uluru. Für viele Besucher sind die Olgas, wie man die Felsformation früher nannte, attraktiver als der wesentlich bekanntere Uluru. Im Gebirge kann man schöne Spaziergänge machen, bei denen man die satten orangeroten Farben der zen-

Einer der 36 bizarren „Köpfe" des Kata-Tjuta-Gebirges

tralaustralischen Wüste richtig genießen kann. Die etwa drei Stunden dauernde Wanderung durch das *Valley of the Winds* ist besonders empfehlenswert. Allerdings können die Temperaturen den Spaziergang zur Qual werden lassen: Bei kühlerem Wetter blasen eisige Winde durch die Schluchten, im Sommer verwandeln hohe Temperaturen die Olgas in einen gigantischen Backofen. Wanderungen sollten deshalb im Sommer immer für die kühlere Zeit des Tages geplant werden. Nehmen Sie generell genügend Wasser und ein Fliegennetz für den Kopf mit!

DARWIN

(170 B2) (*D1*) **Die Hauptstadt ist entweder Ankunfts- oder Abflugsort für die meisten Gäste des Northern Territory und Ausgangspunkt für Besuche des weltbekannten Kakadu National Park.** Darwin (128 000 Ew.) präsentiert sich als Mischung zwischen moderner Welt-

metropole und Provinzstadt. Umgeben von der Arafurasee liegt die Hauptstadt landschaftlich ausgesprochen schön. Allerdings ist das Wetter nicht jedermanns Sache: Es ist entweder heiß und knochentrocken (Mai bis Oktober) oder heiß und stickig feucht. Dank der Nähe zu Asien und dem Zustrom von Einwanderern, dem hohen Anteil an Aborigines und Europäern ist Darwin die **INSIDER TIPP** ethnisch vielfältigste Stadt Australiens.

SEHENSWERTES

AQUASCENE FISH FEEDING
Jeden Tag bei Flut kommen Fische bei Doctors Gully nahe ans Ufer, um gefüttert zu werden. Nicht jedermanns Sache, aber vor allem für Kinder ein großer Spaß. *15 A$ | 28 Doctors Gully Road | www.aquascene.com.au*

BOTANIC GARDEN
1870 legte der deutsche Gärtner Maurice Holtz Darwins prächtigen botanischen

CITY **WOHIN ZUERST?**

Auf der unteren **Mitchell Street** sind Sie mittendrin. Dorthin führt Sie der State Highway 1. Das Parken im Zentrum ist unproblematisch. Wer mit dem Zug (The Ghan) anreist, steigt 15 km von der Innenstadt entfernt aus (Berrimah Road) und muss den Shuttlebus oder ein Taxi nehmen. Ebenso Reisende, die am 12 km entfernten Flughafen ankommen.

Park an. Mit über 400 Palmenarten, die zum Teil in einem Miniaturregenwald gedeihen, einer kleinen Orchideenzucht, einem künstlichen Wasserfall und Sumpfgelände zählt das 420 000 m² große Gelände zu den artenreichsten Parks der Südhalbkugel. *Tgl. 7–19 Uhr | Eintritt frei | Gilruth Av./Gardens Road | short.travel/aus16*

CROCODYLUS PARK

In dem professionell geführten Park kommen Sie den Riesenechsen und anderen Wildtieren gefahrlos näher. *Tgl. 9–17 Uhr, einstündige Touren mit Fütterung 10, 12, 14, 15.30 Uhr | 40 A$ | 815 McMillans Road | Knuckey Lagoon | ca. 15 Min. Fahrt von Darwin City Richtung Airport | www.crocodyluspark.com*

FANNIE BAY GAOL MUSEUM

Das alte Gefängnis konserviert die kriminelle Vergangenheit der Region. Fast 100 Jahre lang, bis 1979, saßen hier Straftäter ein. Besucher dürfen sich heute (kosten-)frei auf dem Gelände bewegen und bekommen auch den Galgen zu sehen, an dem im Jahr 1952 die letzte Exekution im Northern Territory vollstreckt wurde. *Tgl. 10–15 Uhr | Eintritt frei | East Point Road | short.travel/aus17*

MUSEUM & ART GALLERY OF THE NORTHERN TERRITORY

Das Museum gibt einen sehr guten Einblick in Kultur und Natur des Northern Territory und besitzt eine interessante Sammlung von Aboriginekunst. Auch die Ausstellung zum Wirbelsturm Tracy ist einen Besuch wert. Gegenüber liegt mit dem *Darwin Ski Club* ein prima Biergarten. *Mo–Sa 9–17, So ab 10 Uhr | Eintritt frei | Conacher Street | Fannie Bay | www.magnt.net.au*

ESSEN & TRINKEN

Der *Wharf Precinct* mit dem *Convention Centre* ist der neue Stolz von Darwin. Viele Restaurants an der *Stokes Hill Wharf* machen Appetit. Vom Zentrum führt ein bequemer Weg am Ende der Smith Street per Aufzug zunächst zum Vibe Waterfront Hotel, dann über die Lagune in den Precinct. Eine große Auswahl an Restaurants finden Sie auch entlang der *Mitchell Street* und an der *Cullen Bay Marina*.

PEE WEE'S ⟆

Unter Palmen, mit tollem Ausblick auf die Fannie Bay können Sie sich hier an kreativer australischer Küche und feinen Weinen laben. *Tgl. | Alec Fong Lim Drive | Point Reserve | Tel. 08 89 81 68 68 | www.peewees.com.au | €€€*

EINKAUFEN

Darwin ist berühmt für seine vielen Märkte, z. B. den *Parap Market* am Samstagvormittag und den *Mindil Beach Sunset Market (April–Okt. Do 17–22, So 16–21 Uhr | Gilruth Av. | Fannie Bay)* sowie den *Rapid Creek Market (Fr 15–21, So 6.30–13 Uhr | Rapid Creek Business Village | 48 Trower Road | ca. 10 Min. von Darwin City entfernt)*. Infos zu allen Märkten (auch in anderen Städten) unter *www.marketsonline.com.au*. Die Zuchtperlen des Territory können Sie in der INSIDERTIPP *Australian Pearling Exhibition (tgl. 10–15 Uhr | ca. 7 A$ | Kitchener Drive | Stokes Hill Wharf)* bestaunen und bei *Paspaley Pearls (Bennett Street/ Smith Street Mall)* kaufen. Erste Adresse für fangfrischen Fisch ist *Frances Bay*:

sand: In Deutschland wird der Wert des Kunstwerks besteuert!

FREIZEIT & SPORT

EAST POINT RESERVE

In dem stadtnahen Park am Strand trifft man sich zum Picknick oder Relaxen und

Im früheren Hafengebiet entstand der Wharf Precinct mit Convention Centre und Badelagune

Bei *Mr. Barra (Shop 20 | www.mrbarra. com.au)* hinter der Fisherman's Wharf oder im *Darwin Fish Market (Shop 5 | Zufahrt auf dem Frances Bay Drive | www. darwinfishmarket.com)* lassen die mit allen möglichen Krusten- und Schalentieren gefüllten Auslagen einem das Wasser im Mund zusammenlaufen.

Zu den besten Kunstgalerien gehören *Framed (55 Stuart Highway | www. framed.com.au)* und *Mason Gallery (7/21 Cavenagh Street | www. masongallery.com.au)*. Preiswerte und gute Kunst der Aborigines verkauft *Readback Book Exchange (32 Smith Street Mall)* mit Zertifikat. Achtung beim Ver-

zum Baden im Lake Alexander, dessen Salzwasser das ganze Jahr über frei von gefährlichen Stinger-Quallen ist.

AM ABEND

INSIDERTIPP DECKCHAIR CINEMA

Zwischen April und November öffnet das Freilichtkino der Darwin Film Society mit 250 Liegestühlen *(deckchairs)* und 100 Sitzen seine Pforten. Sitzkissen werden auf Wunsch verliehen. Moskitonetz mitbringen! Es gibt zu essen und zu trinken (ab 18.30 Uhr, auch Bier und Wein), die Atmosphäre nahe Darwins Hafen ist einmalig. Das Kinoprogramm beginnt um 19.30 Uhr, eine zweite Vorstellung findet, meist am Wochenende, um ca. 21.30 Uhr statt. *Eingang an der Esplanade oder an der Jervois Road am Wharf Precinct | www.deckchaircinema.com.au*

fen liegt der komfortable *Hidden Valley Tourist Park (25 Hidden Valley Road | Tel. 08 89 84 28 88 | www. hiddenvalleytouristpark.com.au | €)*. Das großzügig angelegte *Lee Point Village Re-*

Freiluftkino in der Tropennacht: Deckchair Cinema in Darwin

SUNSET CRUISE ☀

Bei so wunderschönen Sonnenuntergängen bietet sich ein stimmungsvoller Bootsausflug am späten Nachmittag durch die weite Hafenbucht an. Warum nicht in Verbindung mit einem leckeren Abendessen an Bord des nostalgischen Schoners „Alfred Nobel"? Dazu gibt es guten Wein, eine erfrischende Meeresbrise und herrliche Ansichten der tropischen Küstenlinie. Zu buchen bei *Darwin Harbour Cruises (tgl. 17.45–20.30 Uhr | 74 A$ | ab Stokes Wharf | Tel. 08 89 42 31 31 | www. darwinharbourcruises.com.au).*

ÜBERNACHTEN

CAMPING

Verkehrsgünstig am Stuart Highway und nicht weit vom Flugha-

sort (Lee Point Road | Tel. 08 89 45 05 35 | www.leepointvillageresort.com.au | €) befindet sich nördlich der Stadt in Meeresnähe, am einsamen Lee Point. Beide Plätze bieten auch *cabins* an.

CULLEN BAY SERVICED APARTMENTS

Modernes Haus, das sowohl Hotelzimmer als auch Ein- und Zwei-Zimmer-Apartments mit Kochgelegenheit bietet. *95 Zi. und Ap. | 26 Marine Blvd. | Tel. 08 89 81 79 99 | www.cullenbayresorts.com. au | €€–€€€*

MANTRA ON THE ESPLANADE

Das schöne Hotel der gehobenen Kategorie befindet sich direkt an der Esplanade. *204 Zi. | 88 The Esplanade | Tel. 08 89 43 43 33 | www.mantra.com.au | €€–€€€*

AUSKUNFT

TOURISM TOP END VISITOR CENTRE
Smith Street/Bennett Street | am Ende der Mall | Tel. 1300 13 88 86 | www.tourismtopend.com.au | www.travelnt.com | www.australiasoutback.de

ZIELE IN DER UMGEBUNG

LITCHFIELD NATIONAL PARK
(170 B2) (*🛱 D1*)

Der Nationalpark etwa 160 km südlich von Darwin ist eine wilde Oase mit Wasserfällen, Schluchten, Regenwäldern und riesigen Termitenhügeln. In verschiedenen Wasserlöchern kann man schwimmen, ohne sich vor Krokodilen fürchten zu müssen. Besonders schön sind die *Wangi Falls* und die *Florence Falls* (toll zum Baden, in der Umgebung gibt es mehrere einfache Campingplätze).

TERRITORY WILDLIFE PARK
(170 B2) (*🛱 D1*)

Große, teilweise renaturierte Anlage 60 km südlich von Darwin, die einen sehr guten Einblick in die Fauna und Flora des Northern Territory vermittelt. *Tgl. 8.30–18 Uhr | 26 A$ | Berry Springs | www.territorywildlifepark.com.au*

TIWI ISLANDS (170 B–C1) (*🛱 D–E1*)
Etwa 80 km vor der Küste liegen die beiden Inseln *Melville* und *Bathurst,* bewohnt von Aborigines, die eine ganz eigene Kultur entwickelt haben und berühmt sind für ihr Kunsthandwerk und ihre Malereien. Tourismus findet nur reglementiert statt: Der eintägige Ausflug mit Schiff oder Flugzeug führt nach Bathurst Island, der Hauptinsel, und ermöglicht Begegnungen mit den Ureinwohnern. Buchungen über *Tiwi Tours (Schiffstour ab 250 A$ | Shop 6 | 52 Mitchell Street | Tel. 08 89 23 65 23).*

KAKADU NAT. PARK

(170–171 C–D2) (*🛱 E1*) Der ⭐ **Kakadu National Park, einer der bekanntesten Nationalparks Australiens, liegt 255 km östlich von Darwin im Westen des Arnhemland-Gebirges, das sich 500 km von Norden nach Süden zieht und ihn vom Arnhemland im Osten trennt.**

Der Nationalpark, 19 000 km² großes Unesco-Welterbe, ist mit einem gewöhnlichen Fahrzeug über den asphaltierten Arnhem Highway erreichbar. Versorgungszentrum ist *Jabiru*, wo Sie Unterkünfte jeder Preisklasse finden. Planen Sie für einen Besuch mindestens zwei bis drei Tage ein. Eintritt pro Fahrzeug 25 A$; Pass erhältlich im *Bowali Visitor Centre*.

SEHENSWERTES

JIM JIM FALLS UND TWIN FALLS
Der 70 km lange Abstecher vom Kakadu Highway ist nur für Geländewagen

LOW BUDGET

Austern schlürfen zum Sonnenuntergang am Mindil Beach. Donnerstags und sonntags können Sie diese für ein paar Dollar nebenan auf dem *Mindil Beach Sunset Market (April–Okt. | Fannie Bay)* erstehen.

Halbstündige Didgeridoo-Schnupperkurse für nur 10 A$ bietet das *Sounds of Starlight Theatre (Mo–Fr 11–11.30 Uhr | 40 Todd Mall | Alice Springs | Tel. 08 89 53 08 26 | www.soundsofstarlight.com)* an.

zu empfehlen und nur während der Trockenzeit möglich. Zu sehen gibt es die über 200 m hohen *Jim Jim Falls*, zu erleben eine kleine Bootsfahrt (13 A$) zu den *Twin Falls*. Allerdings schrumpft etwa ab Juni der ansonsten spektakuläre Jim-Jim-Wasserfall zu einem Rinnsal. Alternative während der Regenzeit: ein einstündiger Rundflug (250 A$) mit *Kakadu Air (Tel. 08 89 41 96 11 | www.kakaduair.com.au)* ab Darwin oder *Kakadu Tours and Travel (Tel. 08 89 79 25 48 | www.kakadutoursandtravel.com.au)* ab Jabiru.

FELSMALEREIEN
Ca. 20 km südlich von Jabiru führt ein 1,5 km langer, gut ausgebauter Rundweg zum *Nourlangie Rock (tgl. 8 Uhr bis Sonnenuntergang)* mit vermutlich jahrtausendealten Felsmalereien. Die bekannteste wird „Röntgenmann" genannt, weil die Technik dem Betrachter das Körperinnere offenlegt, was typisch für die Aboriginalkunst in dieser Region ist. Weniger frequentiert sind die Felsmalereien bei *Ubirr*, etwa 40 km nördlich von Jabiru. Obwohl die Straße asphaltiert ist, ist sie in der Regenzeit oft nicht passierbar.

YELLOW WATER BILLABONG
Bei einer zweistündigen Bootsfahrt – beste Zeit: während der Trockensaison (Juni–Okt.) am späten Nachmittag – mit *Yellow Water Cruises (90 A$ | Abfahrt an der Cooinda Lodge | Tel. 1800 50 04 01 | short.travel/aus18)* durch die tropischen Feuchtgebiete mit 1600 Pflanzenarten bekommt man nicht nur imposante Salzwasserkrokodile, sondern auch um die 280 Vogelarten zu Gesicht.

ÜBERNACHTEN

AURORA KAKADU
Die Anlage in Jabiru bietet verschiedene Unterkünfte, von 138 Zimmern bis zum Campingplatz. *Tel. 08 89 79 24 22 | www.auroraresorts.com.au | €–€€*

COOINDA LODGE
Günstig gelegene Unterkunft für den Ausflug auf dem Yellow Water Billabong. 48 Zimmer, ein ordentlich geführter Campingplatz und ein Restaurant. *Cooinda | Tel. 08 89 79 15 00 | www.gagudjulodgecooinda.com.au | €–€€€*

MERCURE KAKADU CROCODILE HOTEL ●
Das Gebäude in Form eines Krokodils beherbergt das beste Hotel im gesamten Nationalpark. *110 Zi. | Jabiru | Tel. 02 93 73 59 84 | short.travel/aus19 | €€€*

AUSKUNFT

BOWALI VISITOR CENTRE
Das Touristenbüro kurz vor Jabiru ist ein Muss für alle Besucher des Kakadu National Park: Neben einer guten Ausstellung zur Geschichte des Parks bietet es Karten und andere Orientierungshilfen. *Tel. 08 89 38 11 21 | www.kakadunationalparkaustralia.com*

KATHERINE

(*170 C3*) (*E2–3*) **Die kleine Stadt Katherine (10 000 Ew.) ist normalerweise der erste oder letzte Stopp zwischen Darwin und Alice Springs sowie Ausgangspunkt für die Fahrt an die Grenze zu Western Australia.**

Entsprechend wichtig ist der Tourismus für Katherine, obwohl viele Bewohner in der benachbarten Goldmine oder in der Landwirtschaft beschäftigt sind. Wegen der *Katherine Gorge* im Nitmiluk National Park hat sich die Region in den letzten Jahren aber auch einen Namen als eigenständige Destination geschaffen.

Endstation für diesen Barramundi ist der Krokodilsrachen

ÜBERNACHTEN

RIVERVIEW TOURIST VILLAGE UND HOT SPRINGS

Der Campingplatz mit Motel und *cabins,* ca. 2 km vom Stadtzentrum, punktet mit nur 300 m Fußweg zu den Thermalwassern der Katherine Hot Springs. *440 Victoria Highway | Tel. 08 89 72 10 11 | www. riverviewtouristvillage.com.au | €–€€*

AUSKUNFT

KATHERINE VISITOR CENTRE

Lindsay Street/Katherine Terrace | Tel. 08 89 72 26 50 | www.visitkatherine.com.au

ZIELE IN DER UMGEBUNG

INSIDER TIPP ARNHEMLAND

(170 C3) (*ILL E2*)

Lohnend sind Ausflüge in das Arnhemland, ein weitgehend unerschlossenes Gebiet – und eine der letzten Grenzen für den Massentourismus. Vollständig unter Kontrolle der Yolngu-Aborigines, ist der Zugang aus kulturellen Gründen nur einer kleinen Besucherzahl erlaubt. Touren und Infos: *Davidson's Arnhemland Safaris (Tel. 08 89 27 52 40 | www.arnhemlandsafaris.com)*

NITMILUK NATIONAL PARK

(170 C–D3) (*ILL E1*)

Der Eingang zum Park mit schönem Campingplatz und Chalets liegt rund 30 km östlich von Katherine. Dort befindet sich auch der Ausgangspunkt für Bootsfahrten durch die ★ *Katherine Gorge (ab 84 A$ | www.travelnorth.com.au)*. Die Schlucht ist Heimat einer Vielzahl von Tieren und Pflanzen und von großer spiritueller Bedeutung für die Aborigines.

42 km nördlich von Katherine am Stuart Highway ist die Abzweigung zu den ebenfalls im Nitmiluk National Park gelegenen ● INSIDER TIPP *Edith Falls*. Dort ist Camping erlaubt – eine gute Übernachtungsmöglichkeit für alle, die nicht in Katherine bleiben wollen.

WESTERN AUSTRALIA

Mit einer Fläche von über 2,6 Mio. km² nimmt der Bundesstaat Western Australia etwa ein Drittel der Landmasse des Kontinents ein. Allerdings leben nur 2,4 Mio. Menschen in diesem vom Rot der Wüste und vom Blau des Indischen Ozeans beherrschten Landesteil – ein Zehntel der Gesamtbevölkerung.

Die Hauptstadt Perth wurde 1829 gegründet. Erst 1850 aber begann sich die neue Kolonie wirklich zu entwickeln, als Strafgefangene zum Aufbau der Infrastruktur eingesetzt wurden. Der 2200 km lange Weg auf dem Highway 1 von Perth nach Broome im Norden führt durch einige der interessantesten und schönsten Gebiete des Landes. Menschenleere Strände, großartige Landschaftsformen wie die Pinnacles nördlich von Perth und endlose Felder mit Wildblumen bestimmen das Bild an der sogenannten Outbackküste.

BROOME

(168 C4) *(✐ C2)* **Broome (15 000 Ew.) ist die heimliche Hauptstadt der Kimberley. Einst ein isolierter Außenposten der Zivilisation, hat sich der Ort in den letzten Jahren dank des angenehmen Klimas und des entspannten, tropischen Lebensstils zu einem Reiseziel für wintermüde Australier entwickelt.**

Immer mehr erfolgreiche Berufstätige aus den südlichen Staaten wählen Broome zur Heimat. Bis 1910 war die Stadt weltweit führendes Zentrum der

Der Westen Australiens bietet – abgesehen von der modernen Großstadt Perth – viel Natur und wenig Menschen

Perlenzucht und der Perlmutterstellung. Heute spielt die Produktion von Perlen nur noch eine – wichtige – Nebenrolle. Der Tourismus ist zur zentralen Industrie in Broome geworden.

SEHENSWERTES

CABLE BEACH ●

Der rund 6 km vom Stadtzentrum entfernt beginnende, 22 km lange Sandstrand ist die größte Attraktion in Broome. Ein einzigartiges Naturspektakel zwischen März und Oktober ist das `INSIDER TIPP` *Staircase to the Moon* genannte Phänomen. Die Treppe zum Mond kommt an drei Tagen im Monat zustande, wenn sich der Vollmond bei Ebbe in den Schlammfeldern der Roebuck Bay spiegelt. Auskunft über die Daten kann das Touristenbüro geben. *www.broomecam.info*

WILDERNESS WILDLIFE PARK

Der Tierfilmer Malcolm Douglas, der echte „Crocodile Dundee", hat sich als Fän-

Broome war einst weltweit führendes Zentrum der Perlenzucht

ger gefährlicher Salzwasserkrokodile auch im deutschen Fernsehen einen Namen gemacht. Er starb 2010 bei einem Verkehrsunfall. In seinem großen Park werden über 200 Krokodile und andere wilde Tiere gezeigt. *Tgl. 14–17, Krokodilfütterung 15 Uhr | 35 A$ | Great Northern Highway | etwa 16 km von Broome | www.malcolmdouglas.com.au*

WILLIE CREEK PEARL FARM

Die Perlenstation rund 40 km nördlich von Broome bietet eine gute Einführung in die Kunst der Perlenzucht. *65 A$, vierstündige Bustour ab Broome 110 A$ | Buchungstel. (Tour) 08 91 92 00 00 | www.williecreekpearls.com.au*

ESSEN & TRINKEN

BAY CLUB ☆

Tolle Terrasse mit Blick über die Roebuck Bay, bekannt für Barbecuespezialitäten. *Tgl. | 47 Carnavon Street | im Man-*grove Resort | Tel. 08 91 92 13 03 | www.mangrovehotel.com.au | €€

MATSO'S CAFÉ & BREWERY

Eine Legende in Broome. Restaurant mit eigener Brauerei. *Tgl. | 60 Hamersley Street | Tel. 08 91 93 58 11 | www.matsos.com.au | €€*

EINKAUFEN

Mehrere Läden im Zentrum bieten Perlen an. Die billigeren Süßwasserperlen *(fresh water pearls)* stammen nicht von hier, sondern aus Asien.

ÜBERNACHTEN

BBQ CAMPGROUND

Idealer Campingplatz *(kein Stromanschluss, auch cabins)* für Naturliebhaber an der Roebuck Bay, ca. 25 km von Broome. Unter Ornithologen zählt dieses Vogelobservatorium zu den fünf bedeutendsten der Welt. *Crab Creek Road | 6 km unasphaltiert | Tel. 08 91 93 56 00 | www. broomebirdobservatory.com | €*

BROOME BEACH RESORT

Neueres Resort mit 30 angenehm ausgelegten *cabins* verschiedener Größe in der Nähe des Cable Beach. *4 Murray Road | Tel. 08 91 58 33 00 | www. broomebeachresort.com | €€–€€€*

CABLE BEACH CLUB RESORT

Die Topadresse in Broome, direkt am Cable Beach. Die typische Wellblecharchitektur gibt der Anlage einen besonderen Charakter. *263 Zi. | Tel. 08 91 92 04 00 | www.cablebeachclub.com | €€€*

AUSKUNFT

BROOME VISITOR CENTRE

Broome Highway/Bagot Street | Tel. 08 91 92 22 22 | www.visitbroome.com.au | www.broome.com.au

ZIEL IN DER UMGEBUNG

INSIDER TIPP CAPE LEVEQUE

(168 C3) (*∅ C2*)

Die wilde, zum größten Teil den Aborigines gehörende Dampier-Halbinsel ist ideal für Allradfahrer. Eine 200 km lange Sand- und Schotterpiste führt in den Norden nach Cape Leveque, wo einsame Strände zum Fischen und Sonnenbaden gleichermaßen geeignet sind. Der Campingplatz *Kooljaman (Tel. 08 91 92 49 70 | www. kooljaman.com.au | €–€€€)* bietet Luxussafarizelte, *cabins* und Zeltplätze an. Eine Vorausbuchung ist erforderlich.

EXMOUTH

(174 A2) (*∅ A4*) **Das Städtchen Exmouth (2000 Ew.) an der Spitze des** North West Cape hat sich zum Ausgangspunkt für Touristen entwickelt, die eines der letzten kaum berührten Korallenriffe erleben wollen.

Das Ningaloo Reef ist ein Kronjuwel im Schatzkasten der australischen Natur.

ÜBERNACHTEN

SEABREEZE RESORT

Kinderfreundliches Mittelklassehotel auf dem Gelände der Marinebasis unter deutscher Leitung; gutes Restaurant. *30 Zi. | 116 North C Street | Tel. 08 99 49 18 00 | www.seabreezeresort.com. au | €€*

AUSKUNFT

EXMOUTH VISITORS CENTRE

Murat Road | Tel. 08 99 49 11 76 | www. exmouthwa.com.au | www.mycoralcoast. com.au

---

⭐ **Ningaloo Reef**
Eines der schönsten und vielfältigsten Korallenriffe der Welt und Heimat vieler Meeresbewohner → S. 100

⭐ **Kimberley**
Einzigartige Wildnis und Terrain für Abenteuerlustige → S. 101

⭐ **Pinnacles (Nambung) National Park**
Bizarr aufragende Felsnadeln stehen hier in einer einsamen Sandwüste → S. 109

⭐ **Wave Rock**
Interessante Felsformation 350 km südöstlich von Perth → S. 109

MARCO POLO HIGHLIGHTS

ZIELE IN DER UMGEBUNG

CAPE RANGE NATIONAL PARK
(174 A2) (*ɰ A4*)

Der an das Ningaloo Reef grenzende Nationalpark 39 km von Exmouth besticht mit einer Vielzahl geologischer Besonderheiten, Fossilien und 630 Blütenpflanzen. Eine Tour mit **INSIDER TIPP** *Ningaloo Safari Tours* (205 A$ | 23 Ningaloo Street | Exmouth | Tel. 08 99 49 15 50 | www.ningaloosafari.com) gibt einen guten Überblick über die Schönheit des Nationalparks. Das exklusive *Wild Bush Luxury Camp Sal Salis* (ca. 750 A$ pro Person inkl. Essen und Getränke | www.salsalis.com.au) besteht aus neun Zelten am Strand und ist ideal für Schnorchler.

KARIJINI NATIONAL PARK
(174–175 C–D3) (*ɰ B4*)

Mit 6000 km² der zweitgrößte Nationalpark des Bundesstaats, gilt der Karijini

500 km östlich mit seinen orangeroten Felsformationen als einer der landschaftlich spektakulärsten. Unterkunft und Verpflegungsmöglichkeiten in *Tom Price* und *Paraburdoo*. Im Park selbst ist Camping erlaubt.

MONKEY MIA (174 A5) (*ɰ A4*)

In Monkey Mia, 400 km (Fahrtstrecke ca. 700 km) südlich, können Sie aus nächster Nähe Delphine beobachten. Die Tiere schwimmen fast jeden Morgen in Strandnähe des Monkey-Mia-Reservats (10 A$ pro Person) und dürfen – unter strikter Kontrolle – in knietiefem Wasser gefüttert werden. Zehntausende von Besuchern kommen deswegen jedes Jahr in das Gebiet von Shark Bay. Die Praxis ist allerdings nicht unumstritten. Kritiker glauben, die Fütterung mache die Tiere von Menschen abhängig. Das *Monkey Mia Dolphin Resort (Monkey Mia Road | Shark Bay | Tel. 08 99 48 13 20 | www.monkeymia.com.au | www.sharkbay.org | €–€€€)* ist eine Camping- und Hotelanlage mit verschieden teuren Unterkünften. *www.monkeymiadolphins.org*

NINGALOO REEF ⭐ (174 A3) (*ɰ A4*)

Das 260 km lange Riff, seit 1987 Meeresschutzgebiet, erstreckt sich vom kleinen Küstendorf *Coral Bay (www.coralbay.org)* entlang der Halbinsel in Richtung Norden. Das Riff steht dem ostaustralischen Barrier Reef in puncto Schönheit und Vielfalt in nichts nach. Es ist Heimat von mindestens 220 verschiedenen Korallen- und 500 Fischarten. Das Zusammentreffen nährstoffreicher Meeresströmungen und die Nähe zum Kontinentalschelf erklären die einzigartige Artenvielfalt. Vier Meeresschildkrötenarten leben am Riff, ebenso wie Mantarochen, Buckelwale, Seekühe und verschiedene Haiarten. Einen Naamen gemacht hat sich das Ningaloo Reef als einer von nur wenigen

Orten, wo Walhaie aus nächster Nähe beobachtet werden können. Schnorchler dürfen mit diesen bis zu 18 m langen Fischen schwimmen – ein einzigartiges Erlebnis. Keine Angst: Die Giganten sind Planktonfresser und völlig ungefährlich. Im Gegensatz zum Barrier Reef ist das Ningaloo Reef zu Fuß vom Festland aus erreichbar. In Lagunen wie der *Turquoise Bay* 60 km südlich von Exmouth können

Schluchten, Wasserfälle, endlose Weiten und eine ganz spezielle Art von Felsmalereien locken in den hohen Norden Western Australias.

Das 423 000 km² große Naturgebiet zwischen den Städten Broome im Westen und Kununurra im Osten ist auf weiten Strecken menschenleer. Die kaum berührte Landschaft gehört zu den schönsten, die Australien zu bieten hat.

Delphine bei der morgendlichen Fütterung in Monkey Mia

Sie mit Taucherbrille und Schnorchel in hüfttiefem Wasser eine Vielfalt von Korallen und Fischen sehen. Veranstalter, z. B. *Ningaloo Reef Dive (ab 150 A$ | www. ningalooreefdive.com)*, bieten Tauchtouren in die äußeren Bereiche und Schnorchelexpeditionen zu den Walhaien an. Hauptsaison ist zwischen April und Juni.

KIMBERLEY

(169 D–F 2–4) (*C–D2*) Die ⭐ Kimberley-Region im Norden ist etwas für abenteuerlustige Besucher. Gewaltige

Eine Reise durch die Kimberley ist nicht nur mit einem wesentlichen Zeitaufwand verbunden, sie kann auch eine echte Herausforderung sein. Detaillierte Informationen finden Sie auf *www. kimberleyaustralia.com*.

Zwar ist der Great Northern Highway, der über 1000 km von Broome nach Kununurra führt, ganzjährig befahrbar, Abstecher in die zahlreichen Schluchten erfordern jedoch den Einsatz von Allradfahrzeugen. Während der *wet season* sind weite Teil der Region komplett überspült, beste Reisezeit sind der Mai/Juni sowie September/Oktober. Im Juli und

August sind viele Motels und Zeltplätze selbst in den abgelegensten Teilen ausgebucht.

GIBB RIVER ROAD

Die unbefestigte Straße führt zu den bekanntesten Schluchten des *Devonian Reef*, den Hauptsehenswürdigkeiten in der Kimberley-Region. Sie ist jedoch nur in den trockenen Monaten befahrbar, also nicht zwischen Dezember und April, und nur Allradfahrzeuge sollten die Gibb River Road in Angriff nehmen. Erkundigen Sie sich zuvor beim *Main Road Department (Tel. 08 9158 43 33)* nach der Befahrbarkeit (detaillierte Informationen finden Sie auch im Internet unter *www.derbytourism.com.au*).

Eine Reihe von Rinderfarmen in der Umgebung bieten Übernachtungsmöglichkeiten an, z. B. **INSIDER TIPP** *Digger's Rest Station (Zeltplatz mit cabins | Tel. 08 91 61 10 29 | www.diggersreststation.com.au | €)*.

KUNUNURRA

(170 A4) (∅ D2) **Die Kleinstadt (6000 Ew.) an der Grenze zum Northern Territory entstand erst in den 1960er-Jahren mit dem Bau des gewaltigen Ord-River-Staudammprojekts.**

Auf dem über 1000 km² großen Stausee *Lake Argyle* werden Schiffstouren angeboten. Die bekannteste Übernachtungsmöglichkeit, etwa 100 km entfernt, ist der *El Questro Wilderness Park (www.elquestro.com.au)* mit diversen Unterkünften, von der *five star homestead* bis

Eine Tour auf der Gibb River Road ist nur zu bestimmten Zeiten möglich

zum Campingplatz, die zwischen Mai und Oktober geöffnet haben. Idealer Ausgangspunkt für Touren in der Kimberley-Region mit garantiert großartigen Naturerlebnissen.

AUSKUNFT

KUNUNURRA VISITOR CENTRE
75 Coolibah Drive | Tel. 08 9168 1177 | www.visitkununurra.com

ZIEL IN DER UMGEBUNG

PURNULULU NATIONAL PARK
(170 A5) *(map D2)*
Der Besuch des Nationalparks ist nur während der Trockenzeit, etwa von Mai bis September, möglich. Erst in den 1980er-Jahren vom Tourismus entdeckt,

gelten die von Flechten in verschiedenen Farbtönen gestreiften Sandsteinformationen der *Bungle Bungles* 300 km südlich von Kununurra als mindestens so spektakulär wie der Uluru (Ayers Rock). Ab Great Northern Road ist der Park auch bei guten Witterungsbedingungen nur für Allradfahrzeuge zugänglich (Schotterstrecke mit mehreren Bachdurchquerungen). Auskunft: *Halls Creek Tourist Centre (Hall Street | Tel. 08 9168 62 62 | www. hallscreektourism.com.au)*

MARGARET RIVER

(182 B5) *(map B6)* **Die sympathische Kleinstadt Margaret River (4500 Ew.) ist Zentrum einer noch recht jungen, aber schon sehr renommierten Weinregion.**
An die 100 Kellereien gibt es, viele lassen ihre Weine verkosten, einige betreiben nebenher ausgezeichnete Restaurants. Wanderwege führen durch lauschige Wälder. Herrliche Strände mit sensationellen Surfspots findet man an der Felsküste zwischen Cape Naturaliste und Cape Leeuwin, geschütztere Badeplätze liegen an der sandigen Geographe Bay. Von Juni bis Dezember besuchen Wale die Küstengewässer, mit etwas Glück kann man sie von Land aus sehen.

ESSEN & TRINKEN

COLONIAL BREWING COMPANY
Verschiedene Sorten selbst gebrautes Bier, selbst *Kolsch Ale,* das dem rheinischen Kölsch nicht nur namentlich ähnelt, kann man in Flaschen mitnehmen oder gleich im Lokal und im schönen Biergarten trinken – vielleicht zum Lunch, sonntags sogar mit Livemusik. *Tgl. 10–18 Uhr | Osmington Road | Tel.*

In der Region um Margaret River kommen Weinfreunde auf ihre Kosten

08 9758 8177 | www.colonialbrewingco. com.au | €–€€

MARGARET RIVER CHOCOLATE COMPANY

Für Süßmäuler Pflicht, für Freunde herzhafter Kost Kür. Denn in der kleinen Schokoladenmanufaktur werden die Kakaoleckereien auch mal mit Gewürzen veredelt, z. B. mit Chili. *Harman's South Road/Harman's Mill | www. chocolatefactory.com.au*

EINKAUFEN

KUNST

Viele Künstler und Kunsthandwerker haben sich in der reizvollen Landschaft niedergelassen. Die meisten Ateliers und Galerien finden Sie zwischen Margaret River und Yallingup bzw. Dunsborough. Eine kleine, aber feine Auswahl hochwertiger Objekte steht bei *Yallingup Galleries (Caves Road/Gunyulgup Valley Road)* zum Verkauf, auch die eigenwilligen Aborigi-

nalmotive der zeitgenössischen Malerin Judy Prosser. Weitere Adressen: *www. margaretriverartisans.com.au.*

WEIN

Einen guten Überblick bezüglich Lage und Angebot der hiesigen Winzer vermittelt das *Regional Wine Centre (9 Bussel Highway | www.mrwines.com)*. Weinproben (und Lunch) lohnen auf jeden Fall bei *Hamelin Bay Wines (199 McDonald Road | Karridale | ca. 32 km südlich)* mit schöner Aussicht von der ☘ Speiseterrasse sowie in der stilvollen Kellerei *Leeuwin Estate (Stevens Road | www.leeuwinestate. com.au)* mit Kunstgalerie und exzellentem *Restaurant (tgl. mittags, Sa auch abends | Tel. 08 9759 00 00 | €€€)*.

ÜBERNACHTEN

DARBY PARK

Großzügige Ein- bis Drei-Zimmer-Apartments für Selbstversorger. Mitten im Ort, aber ruhig, mit Swimmingpool und Bar. *90 Zi. | Bussell Highway/Tunbridge Street | Tel. 1800 80 76 67 | www.questmargaretriver.com.au | €€–€€€*

AUSKUNFT

VISITOR CENTRE
100 Bussell Highway | Tel. 08 97 80 59 11 | www.margaratriver.com

ZIELE IN DER UMGEBUNG

BUNBURY (182 B5) *(⊞ B6)*
Die alten Hafenanlagen der Küstenstadt im Nordosten wurden in einen ansehnlichen Apartmentkomplex mit Ferienunterkünften *(Mantra Bunburry | 64 Zi., Pool u. Spa | Tel. 08 92 67 48 88 | www.mantra.com.au | €€–€€€)* Restaurants, Bars und Geschäften umgestaltet. Hauptattraktion sind die rund 100 Delphine in der Bucht. Viele tauchen bei einer von Naturfreunden veranstalteten *Dolphin Watch Eco Tour*, z. B. über *Naturaliste Charters (tgl. 11, 15 Uhr | 55 A$ | ab Dolphin Discovery Centre | Koombana Drive | Tel. 08 97 91 30 88 | www.dolphindiscovery.com.au)*, neben dem Boot auf. *www.visitbunbury.com.au*

BUSSELTON (182 B5) *(⊞ B6)*
Weiche, weiße Sandstrände haben den sympathischen Küstenort zu einer beliebten Sommerfrische gemacht. Die Auswahl an guten Unterkünften, z. B. *Geographe Bay Holiday Park (525 Bussell Highway | am Strand | Tel. 08 97 52 43 96 | www.geographebayholidaypark.com.au | €–€€)*, und Restaurants wie ⚘ *The Equinox (Tel. 08 97 52 46 41 | €€)* oder ⚘ *The Goose Café (Tel. 08 97 54 77 00 | €€)*, beide mit Blick aufs Wasser, genügt, um hier, dicht an der *Geographe Bay (www.geographebay.com)*, ein paar erholsame Tage zu verbringen. Der 1,8 km hinaus ragende Pier gilt als der längste

auf der Südhalbkugel und bietet mittels einer kleinen Bahn Zugang zum *Underwater Observatory (tgl. Führung zur vollen Std. 9–17 Uhr | 32 A$ inkl. Bahnfahrt | www.busseltonjetty.com.au)*, wo Besucher die Meereswelt in der Bucht dicht vor Augen haben.

CAPE LEEUWIN (182 B5) *(⊞ B6)*
Zu dem brandungsumtobten, bei Seeleuten berüchtigten Felsvorsprung im Süden entführt der Bussell Highway. Hinter Augusta, der letzen nennenswerten Ansiedlung, kommt der schlanke, hoch aufragende *Leuchtturm (tgl. 9–17 Uhr | 8 A$, mit Führung 20 A$ | Buchungstel. 08 97 57 74 11 | www.capeleeuwinlighthouse.com)* in Sicht. Wer sich einer Führung anschließt, bekommt spannende Geschichten über das maritime Baudenkmal aus dem Jahr 1896 zu hören und steigt hinauf bis zum umlaufenden ⚘ Ausguck mit atemberaubender Fernsicht. Zwei Campingplätze ermöglichen das Übernachten ganz in der Nähe: *Flinders Bay Caravan Park (Albany Terrace | Augusta | Tel. 08 91 58 13 80 | www.flindersbaypark.com.au)* an einer geschützten Bucht und *Turner Caravan Park (1 Blackwood Av. | Augusta | Tel. 08 97 58 15 93 | www.turnerpark.com.au)* an einer ebenfalls geschützten Flussmündung am Rand des *Leeuwin National Park*.

CAPE NATURALISTE LIGHTHOUSE ⚘ (182 B6) *(⊞ B6)*
Der massive Leuchtturm samt Maritim Museum dokumentiert die abenteuerliche Seefahrtsgeschichte in der Geographe Bay. Eine Führung erlaubt, auch vom umlaufenden Balkon oben am Leuchtfeuer den Blick schweifen zu lassen – weit über den Indischen Ozean, wo man zwischen September und Dezember Wale auftauchen sieht. Lust auf eine Luxusherberge im Verborge-

Kolonialgebäude und Hochhäuser prägen das Stadtbild von Perth

der Caves Road. Vor dem Gang in die Unterwelten sollten Sie 25 km südlich das *Caveworks Visitor Centre (tgl. 9–17 Uhr | Eintritt frei | short.travel/aus22)* besuchen, wo Displays, Filme und Animationen umfassend über das Höhlensystem und seine fragile Natur informieren. Hauptattraktion unter der Erde ist die *Jewel Cave (Touren tgl. jede Stunde zwischen 9.30 und 15.30 Uhr | 25 A\$ | 35 km südlich),* allein schon der glamourösen Illumination auf Knopfdruck wegen. Abenteuerlicher ist eine von Didgeridoo-Klängen begleitete Führung durch die weniger aufgeräumt anmutende Stalaktiten- und Stalagmitenwelt der *Ngilgi Cave (tgl. 9.30–16 Uhr | ab 44 A\$ | Yallingup | 45 km nördlich | Tel. 08 97 55 21 52 | short.travel/aus23).*

PERTH

⬛ KARTE AUF SEITE 107
(182 B4) (ⵌ B6) Die moderne Hauptstadt von Western Australia (2 Mio. Ew.) liegt am Swan River, etwa 15 km oberhalb des Hafens von Fremantle.

Das Stadtzentrum bietet eine interessante Mischung aus eleganten Gebäuden im Kolonialstil und hochmodernen Glas- und Betonblöcken. Mit Bahn und Bus erreichbar ist der etwa 8 km südwestlich vom Zentrum gelegene *Cottesloe Beach*, der bekannteste Strand an der Westküste.

SEHENSWERTES

FREMANTLE
Schöne, restaurierte Gebäude geben Perths Hafenstadt einen ganz besonderen Charme. Gute Restaurants *(z. B. am Fishing Boat Harbour)* und Cafés entlang der South Street, Läden und Märkte *(Fremantle Markets (Fr 8–20, Sa, So*

nen? Mit vier einsam im Busch platzierten Eco-Chalets garantiert das exklusive *Hidden Valley Forest Retreat (Hagg Road | ca. 50 km südöstlich | Tel. 08 97 55 10 66 | www.yourhiddenvalley.com | €€€)* absolute Privatsphäre. Nur wer sein Abendessen nicht selbst zubereiten will, bekommt Besuch vom Koch, der ein Gourmetdinner zaubert.

KALKSTEINHÖHLEN (182 B5) (ⵌ B6)
Davon gibt es rund 330 in dem Kaarstgebiet bei Margaret River. Die wenigen öffentlich zugänglichen Höhlen liegen an

8–18 Uhr | Henderson Street/South Terrace | www.fremantlemarkets.com.au)) locken die Besucher an – entweder per Zug oder per Boot ab Swan Bell Tower/ Barrack Street Jetty in Perth. Auskunft: *Fremantle Tourist Bureau (Kings Square High Street | Tel. 08 94 31 78 78 | www.visitfremantle.com.au)*

KINGS PARK
Nur wenige Minuten vom Stadtzentrum entfernt, ist der Park eine Oase der Ruhe für müde Stadtwanderer. Sehr schöner Rundblick vom 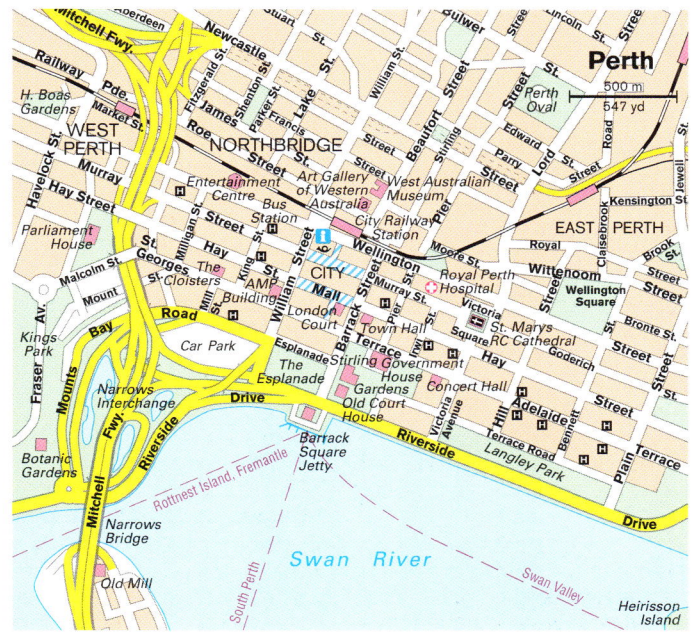 *Kings Park Lookout* und vom *DNA Observation Tower* aus. *www.bgpa.wa.gov.au/kings-park*

PERTH MINT
Hier kann man die weltgrößte Sammlung von Goldnuggets sehen und beim Gießen des Metalls dabei sein. *Tgl. 9–17 Uhr | 8*

CITY WOHIN ZUERST?
Von der verkehrsberuhigten **City Mall** *(Murray Street/Hay Street)* sind viele Sehenswürdigkeiten zu Fuß zu erreichen. Selbst das schöne Ufer des Swan River mit den wohlklingenden Swan Bells sowie die City Railway Station, auch Haltestelle der Nahverkehrszüge, z. B. nach Fremantle. Das Busterminal befindet sich gegenüber vom Bahnhof. Wer mit dem Auto unterwegs ist, findet Parkuhren am Straßenrand oder fährt in eines der zentralen Parkhäuser, z. B. Central Park *(152–158 Georges Terrace)*.

A$ | 310 Hay Street | www.perthmint.com.au

THE SWAN BELLS

In dem Glockenturm kann man nachgebildete Glocken aus der Londoner Kirche St. Martin in the Fields hören *(Sa–Di, Do 12 u. 13 Uhr)*. *Tgl. 10–16.30 Uhr | Eintritt 14 A$ | Barrack Square/Riverside Drive | www.swanbells.com.au*

WESTERN AUSTRALIAN MUSEUM

Das Museum gibt einen guten Einblick in die Geschichte der Kolonie. *Tgl. 9.30–17 Uhr | Eintritt frei | Francis Street | www.museum.wa.gov.au*

ESSEN & TRINKEN

INSIDER TIPP ▶ FRASER'S RESTAURANT

Herrliche Fischküche, verbunden mit tollen Ausblicken auf den Kings Park und die Stadt. *Tgl. | Fraser Av. | Kings Park | Tel. 08 94 81 71 00 | www.frasersrestaurant.com.au | €€*

OLD SWAN BREWERY

Brauereirestaurant am Fluss, das mit einem vielfältigen Angebot an Gerichten und gutem selbst gebrauten Bier aufwartet. *Tgl. | 173 Mounts Bay Road | Crawley | Tel. 08 92 11 89 99 | www.theoldbrewery.com.au | €€*

EINKAUFEN

Der Großteil der Geschäfte und Arkaden befindet sich im Bereich von *St. Georges Terrace* sowie in der *William Street, Wellington Street* und *Barrack Street*.

AM ABEND

Jeden Donnerstag steht im kostenlosen „Xpress" *(www.xpressmag.com.au)*, was in Perth gerade hip ist und welche Liveband wo auftritt. Nachtleben findet vor allem im Stadtteil **INSIDER TIPP ▶** *Subiaco (Hay Street)* statt.

C-RESTAURANT ⚘

Drehrestaurant im 33. Stock mit gemütlicher Lounge, toll zum Sonnenuntergang. *44 St Georges Terrace | Level 33 | www.crestaurant.com.au*

INSIDER TIPP ▶ MUST WINE BAR

40 offene Weine und 500 Flaschenweine auf der Karte – das Angebot ist überwältigend. Dazu gibt's französische Snacks. *519 Beaufort Street | Tel. 08 93 28 82 55 | www.must.com.au*

ÜBERNACHTEN

BILLABONG BACKPACKERS RESORT

Neues, komfortables Billighotel. *56 Zi. | 381 Beaufort Street | Tel. 08 93 28 77 20 | www.billabongresort.com.au | €*

INSIDER TIPP ▶ FREMANTLE COLONIAL ACCOMMODATION

Drei charmante *cottages* im Zentrum sowie ein B & B mit vier Zimmern. *215 High Street | Fremantle | Tel. 08 94 30 65 68 | www.fremantlecolonialaccommodation.com.au | €€–€€€*

AUSKUNFT

WESTERN AUSTRALIAN TOURIST CENTRE

Forrest Place/Wellington Street | Tel. 1300 36 13 51 | www.westernaustralia.com | www.experienceperth.com | www.bestof.com.au/wa

ZIELE IN DER UMGEBUNG

KALGOORLIE-BOULDER

(183 E3) (*Ø C5*)

Mit einer Distanz von etwa 600 km ist eine Reise von Perth zu den Goldfeldern im Osten mehr als ein Ausflug. 1892 entdeckt, sind die Goldvorkommen noch heute ein wesentlicher Grund für den

Wohlstand Westaustraliens. Das Gebiet wird beherrscht von Tagebauminen. Auskunft über Touren: *Kalgoorlie Boulder Tourist Centre (Tel. 08 90 21 19 66 | www.kalgoorlietourism.com)*

PINNACLES (NAMBUNG) NATIONAL PARK ★ (182 B3) (ℳ A5)

Ein Paradies für Fotografen: Die spektakuläre Ansammlung von bis zu 5 m hohen Kalksteinsäulen im *Nambung National Park*, 260 km nördlich von Perth, besucht man wegen der Lichtverhältnisse am besten am frühen Morgen. Ob sich hier die biblische Erzählung von Lots Frau hätte zutragen können, die zur Salzsäule erstarrte? Zumindest manche der Pinnacles erinnern an Stein gewordene Menschen. Wer den 5 km langen Rundweg durch den Säulenwald entlangfährt oder zwischen den Kegeln für ein Foto posiert, der mag sich die Geschichte wirklich gut vorstellen können. Wann die Pinnacles entstanden, ist zwischenzeitlich geklärt: vor rund 150 000–80 000 Jahren. Die Sonne buk hohlen Baumstümpfen den durch Wind angetriebenen Wüstensand auf. Durch chemische Reaktionen verklumpte das Granulat zur Kalksäule, an der wieder neuer Sand haften blieb.

ROTTNEST ISLAND (182 B4) (ℳ B6Y)

Die 11 km lange und 5 km breite Insel 18 km vor Perth ist ein gutes Wochenendausflugsziel. Infos zu ein- und mehrtägigen Touren auf die für ihre interessante Natur bekannte Insel: *Rottnest Island Visitor Centre (Tel. 08 93 72 97 52 | www.rottnestisland.com)*

WAVE ROCK ★ (183 D4) (ℳ B6)

Ein imposantes Felsgebilde in Form einer 15 m hohen Welle 350 km südöstlich von Perth in der Nähe des Orts Hyden. Geformt wurde die bizarre Riesenwoge von Wind und Wetter, Hitze, Frösten und herabstürzenden Regenfluten, die im Lauf der Zeit das seltsame Streifenmuster hinterließen. Der Wave Rock ist mehr als 2 Mio. Jahre alt.

Ein Kunstwerk der Naturgewalten ist der Wave Rock

SOUTH AUSTRALIA

South Australia ist Outbackabenteuer pur. In dem fast 1 Mio. km² großen Bundesland leben etwa 1,8 Mio. Menschen. Die meisten wohnen in der hübschen, gepflegten Hauptstadt Adelaide und in den fruchtbaren Gebieten um die Lebensader Südaustraliens, dem mächtigen Murray River. In den landwirtschaftlichen Gebieten des Südens wachsen Wein, Obst und Getreide. Im Westen und Norden gehen diese schnell in weitläufige Rinder- und Schafzuchtgebiete, dann in trockene Zonen und faszinierende Wüste über. Fast überall gibt es versteckte Oasen mit einem großem Reichtum an Pflanzen und Tieren. Nach den seltenen, oft sehr heftigen Regenfällen beginnt auch in den trockensten Landesgebieten alles zu leben. Wildblumenteppiche sprießen, Insekten summen, Vögel sammeln sich um die plötzlich entstehenden Seen und Tümpel. Kängurus, Dingos und kleine Beuteltiere vermehren sich in dieser Zeit des Überflusses.

ADELAIDE

KARTE IM HINTEREN UMSCHLAG (186–187 C–D6) *(ᗱ F6)* **Elegante historische Sandsteinbauten eingebettet in blühende Gärten, weite Rasenflächen und gepflegte Parks – ★ Adelaide (1,3 Mio. Ew.) wurde von freien Siedlern sorgfältig geplant.**
Sträflinge kamen nicht nach South Australia. Viele der europäischen Siedler, die in der ersten Hälfte des 19. Jhs. hier ein-

Wüste, Wein und weiter Himmel: Roter Sand, grüne Weinberge und bizarre Felsformationen prägen den Süden des Kontinents

CITY **WOHIN ZUERST?**

Der **Victoria Square** ist Ausgangspunkt, wenn man auf die Gastroszene der Grote Street Appetit hat, mit der Straßenbahn nach Glenelg fahren will oder die zehn Minuten Fußweg zur North Terrace, erste Adresse für die Hauptattraktionen der Stadt, nicht scheut. An der *railway station* dort landet auch, wer mit dem Zug anreist.

trafen, waren Menschen, die aus religiösen oder politischen Gründen ihre Heimat verlassen mussten. Adelaide ist auch heute eine tolerante, multikulturelle und kultivierte Stadt mit zahlreichen Museen, Theateraufführungen und Konzerten.

SEHENSWERTES

ADELAIDE BOTANIC GARDEN
Friedlicher Park mit Seen und einem wunderschönen Glashaus mit tropischem Regenwald. *Tgl. 9–18.30 Uhr,*

Im South Australian Museum steht dieses Skelett eines Grauwals

kostenlose Führungen tgl. 10.30 Uhr ab Schomburgk Pavilion | North Terrace | short.travel/aus24

ART GALLERY OF SOUTH AUSTRALIA

Australische und internationale Kunst, wechselnde Wanderausstellungen. *Tgl. 10–17 Uhr | Eintritt frei | North Terrace*

AYERS HOUSE HISTORIC MUSEUM

Das 1845 gebaute Haus des einstigen Premierministers Sir Henry Ayers mit seinen viktorianischen Möbeln repräsentiert den Kolonialstil dieser Zeit. *Di–Fr 10–16, Sa, So 13–16 Uhr | 11 A$ | 288 Northern Terrace*

GLENELG

Eine Straßenbahn fährt vom Victoria Square in etwa 20 Minuten zum beliebtesten Strand von Adelaide. Fünf Minuten von der Straßenbahnhaltestelle entfernt startet der Katamaran von *Temptation Sailing* an der Holdfast Marina zu 3,5-stündigen *Swim-with-Dolphins-Touren (ab 100 A$, Zusehen ab 70 A$ | Tel. 04 12 81 18 38 | www.dolphinboat.com.au)*.

MIGRATION MUSEUM

Das Museum beleuchtet die Geschichte der Immigration in South Australia bis heute. Darunter gibt es auch viele Informationen über deutsche Einwanderer. *Mo–Fr 10–17, Sa, So 13–17 Uhr | Eintritt frei (Spende erwünscht) | 82 Kintore Av. | www.migration.historysa.com.au*

NATIONAL WINE CENTRE

Der futuristische Bau des Weinzentrums liegt am Rand des botanischen Gartens. Hier erfahren Sie interaktiv alles über den Weinbau Südaustraliens, der vor allem für seine erdigen, würzigen Rotweine bekannt ist. Das Zentrum hat einen ausgezeichneten Keller, in dem Sie auch rare australische Weine kaufen können. *Weinproben Mo–Fr 8–19, Sa, So 9–19 Uhr | Yarrabee House | Botanic Road/Hackney Road | www.wineaustralia.com.au*

PORT ADELAIDE

Das historische Hafenviertel im Nordwesten der City hält die Anfänge der Stadt lebendig. Bei einem Rundgang durch die restaurierten Straßenzüge dient die beim Visitor Centre erhältliche Broschüre „Walk The Port" als hilfreicher Wegweiser. Auch zum 1868 errichteten Leuchtturm oder zum sehenswerten *South Australia Maritime Museum* (*tgl. 10–17 Uhr | 10 A$ | 126 Lipson Street | www.samaritimemuseum.com.au*).

SOUTH AUSTRALIAN MUSEUM

Die Ingarnendi-Ausstellung des naturhistorischen Museums zeigt Alltag, Kultur, Spiritualität und medizinische Errungenschaften der australischen Ureinwohner vor der Ankunft der ersten europäischen Siedler. *Tgl. 10–17, Führungen Mo–Fr 11, Sa, So 14, 15 Uhr | Eintritt frei | North Terrace | www.samuseum.sa.gov.au*

INSIDER TIPP ▶ TANDANYA – NATIONAL ABORIGINAL CULTURAL INSTITUTE

Das Kulturinstitut der Kaurna-Aborigines besitzt Galerien mit Kunst- und Kunsthandwerk und zeigt wechselnde Ausstellungen. Es gibt verschiedene Führungen (zwischen 40 Minuten und einem halben Tag), für die man sich einige Tage im Voraus anmelden muss und die auch die Di–So um 12 Uhr stattfindende *cultural performance* beinhalten. *Mo–Sa 9–16 Uhr | Eintritt frei | 253 Grenfell Street | Tel. 08 82 24 32 00 | www.tandanya.com.au*

ESSEN & TRINKEN

Der *Central Market* und die benachbarte *Gouger Street* bieten die größte Auswahl an Restaurants und Cafés. Die *Rundle Street* in der Innenstadt ist eine Alternative, ebenso im Norden die *Melbourne Street* oder die *O'Connell Street*, im Süden die *Hutt Street*.

BLISS ORGANIC CAFÉ ☯

Vegetarische und vegane Gerichte und frisch gepresste Obstsäfte – mit Zutaten aus biologischem Anbau. *So geschl. |*

7 Compton Street | Tel. 08 82 31 02 05 | www.blissorganiccafe.com.au | €

INSIDER TIPP ▶ THE BRASSERIE ☯

Hier wird ausschließlich mit Produkten aus South Australia gekocht – erstklassig. *Tgl. | 223 Victoria Square | Tel. 08 82 17 20 00 | www.thebrasserie.com.au | €€€*

EINKAUFEN

In Adelaide kann man gut Opale, Outbackkleidung, Kunsthandwerk und Aboriginekunst kaufen. *Rundle Mall* ist das Shoppingzentrum mit Läden, Cafés und Arkaden ebenso wie die King William Road (Hyde Park) und die *Jam Factory Contemporary Craft & Design (19 Morphett Street | www.jamfactory.com.au)*.

CENTRAL MARKET

Der überdachte Markt beherbergt über 80 Stände mit Obst, Gemüse,

MARCO POLO HIGHLIGHTS

Fisch und Fleisch aus der Umgebung. In kleinen Buden kann man asiatische und europäische Gerichte probieren. *Di, Do, Fr, Sa | Grote Street | www.adelaidecentralmarket.com.au*

AM ABEND

Die Donnerstagsbeilage der Zeitung „Adelaide Advertiser" gibt einen Überblick über Theater, Konzerte und Ausstellungen. Tickets für viele Veranstaltungen werden über *BASS (Tel. 013 12 46 | www.bass.net.au)* gebucht. Die populärsten Livebühnen für Rockmusik sind *Fowlers Live (68 North Terrace | www.fowlerslive.com.au)* und *Enigma (Do–Sa | 173 Hindley Street | www.enigmabar.com.au).* Kulturelle Veranstaltungen finden Sie auch unter *www.bcl.com.au/adelaide/wotson.htm* und im kostenlosen *HIP-Guide to Adelaide*, der im Adelaide Visitor Centre erhältlich ist.

ÜBERNACHTEN

GLENELG BEACH HOSTEL

Die preisgekrönte Backpacker-Unterkunft befindet sich in einem altem Prachtbau des Strandvororts Glenelg. *30 Zi. | 1–7 Mosely Square | Tel. 08 83 76 00 07 | www.glenelgbeachhostel.com.au | €*

INSIDER TIPP ▶ SUSSEX COTTAGE

Eines von neun fein restaurierten Häuschen mit nostalgischen Betten, die sich als B & B über die Innenstadt und North Adelaide verteilen. Suchen Sie sich eines aus! *Tel. 08 82 72 13 55 | www.adelaideheritage.com | €€€*

AUSKUNFT

ADELAIDE VISITOR CENTRE

9 James Place | Tel. 1300 58 81 40 | www.adelaidecitycouncil.com

ZIELE IN DER UMGEBUNG

ADELAIDE HILLS (187 D6) (*ⓜ F6*)

Etwa 30 km außerhalb von Adelaide beginnt eine liebliche Hügellandschaft, die Adelaide Hills. Dort gründeten 1839 50 deutsch-lutherische Familien, die mit dem Schiff „Zebra" nach Südaustralien gekommen waren, den Ort *Hahndorf* (1700 Ew.). Fachwerkhäuser deutscher Bauweise, eine alte deutsche Metzgerei,

AUF SCHIENEN DURCH AUSTRALIEN

Der berühmte Zug *The Ghan* verkehrt zwischen Adelaide und Darwin, durchquert das Outback auf voller Länge, macht mitten im *red centre* halt und ist auf jeden Fall eine Reise und sein Geld wert. Ursprünglich hieß der Zug „The Afghan Express", weil Kamele aus Afghanistan die Materialien für den Gleisbau durch die Wüste transportierten. Ein echter Kraftakt, der 126 Jahre dauerte. Wer die gesamte Strecke mitfährt *(Mi, So 12.20 Uhr ab Adelaide | ab ca. 930 A$),* passiert 22 Breitengrade, vier Klimazonen, legt knapp 3000 km zurück und ist etwa zwei Tage unterwegs. Fahrgäste haben die Wahl zwischen Luxusabteilen und deutlich preiswerteren Großraumwagen. Auskunft und Buchung: *Great Southern Rail (Tel. in Australien 1800 70 33 57 | Tel. aus dem Ausland 08 82 13 44 01 | www.greatsouthernrail.com.au).*

ein deutsches Gasthaus, ein antikes Uhrenmuseum und zahlreiche oft deutschtümelnde Andenkenläden und Restaurants locken jedes Jahr eine große Zahl von Touristen nach Hahndorf. *www. adelaidehills.org.au*

BAROSSA ⭐ (187 D6) (*M F6*)

Herrlicher Wein, Schwarzbrot, Sauerteig, Käse, Oliven, geräucherte Wurst und Schinken – und historische Dörfer in lieblicher Landschaft: Das ist Barossa, etwa 55 km nordöstlich von Adelaide gelegen und ein Muss für Weinliebhaber, denn es beherbergt über 50 Kellereien. 1840 siedelten sich hier die ersten britischen Bauern an. Ab 1842 gesellten sich Lutheraner aus Schlesien, Brandenburg und Posen dazu, die die ersten Weinreben in das heute weltberühmte Weinanbaugebiet brachten.

Die erste deutsche Siedlung, *Bethany*, ist ein traditionelles Hufendorf. *Tanunda* (3500 Ew.), das ehemalige Langmeil, ist ein guter Ausgangspunkt für eine ● Wein-und-Schlemmertour durch die Region. Eine Nacht sollten Sie mindestens bleiben, z. B. im ☀ *Blickinstal B & B (Rifle Range Road | Tanunda | Tel. 08 85 63 27 16 | www.blickinstal.com.au | €€)* mit sechs gemütlichen Zimmern, Blick über die Weinberge und üppigem Frühstück. Auskunft: *Barossa Wine & Visitor Centre (66–68 Murray Street | Tanunda | Tel. 1300 85 29 82 | www.barossa. com)*. Hier bekommen Sie auch die *Winery Map*, die den *Scenic Drive 4* durch das Barossa beschreibt. Stopps lohnen sich bei den Winzern an der Para Road sowie bei Seppelt, Penfolds, Charles Melton, Bethany Wines und Villa Tinto.

CLARE VALLEY (187 D6) (*M F6*)

Ein weiteres idyllisches Weinanbaugebiet im Norden von Adelaide, 140 km und damit einen erfüllten Tagesausflug

In Barossa wird seit über 150 Jahren Wein angebaut

entfernt, wenn man das ein oder andere preisgekrönte Weingut besucht. Die Kellerei *Knappstein Wines (Mo–Fr 9–17, Sa 11–17, So 11–16 Uhr | 2 Pioneer Av. | Tel. 08 88 42 26 00 | www.knappstein.com. au)* steht für beste Qualität, ob rot oder weiß. Und bei *Skillogalee Wines (tgl. 10–17 Uhr | Tel. 08 88 43 43 11 | www. skillogalee.com.au)* bekommt man nicht nur einen wohlbekömmlichen Riesling eingeschenkt, sondern auch leckeren Lunch serviert. Wer mindestens einen Tag mehr Zeit übrig hat, kann auf dem *Riesling Trail* mit dem Fahrrad die weinselige Gegend zwischen *Auburn* und *Clare* erkunden. Räder werden vermietet,

Gepäck wird auf Wunsch transportiert, auch unterwegs eingekaufte Weine etc. Auskunft: *Clare Valley Visitor Information Centre (33 Old North Road/Main North | Clare | Tel. 1800 24 21 31 | www.claregilbertvalleys.sa.gov.au | www.clarevalley.biz). 120 km nördlich*

INSIDER TIPP EYRE PENINSULA
(186 B5) (ℳ E–F6)

Traumhafte Küste mit feinen Sandstränden zeichnet die Halbinsel 500 km westlich von Adelaide aus; im Hinterland finden sich Wüstenebenen und Wildnisgebiete der Gawler Ranges und der ausgetrocknete Salzsee *Lake Gairdner*. Zentrale Anlaufstelle ist das Kangaluna Camp, eine komfortable Zeltunterkunft, von der aus es ca. zwei Fahrstunden bis zur Baird Bay sind. Dort kann man mit Seelöwen und Delphinen schwimmen. Infos zu Touren: *www.gawlerrangessafaris.com.au*

FLEURIEU PENINSULA
(186 C6) (ℳ F6)

Die Bewohner Adelaides schätzen die Halbinsel als attraktives Naherholungsziel mit geschützten Badestränden vor allem an der Nordwestseite. Landeinwärts, rund um die ländliche Ortschaft *McLaren Vale,* machen über 65 Kellereien ein renommiertes Weinanbaugebiet aus *(www.producers.net.au)*. Beim Verkosten hilft ein Wegweiser des örtlichen *Visitor Centre (Main Road | Tel. 08 83 23 99 44 | www.tourismvictorharbour.com.au)*. Populär ist *Goolwa* am *Lake Alexandrina:* schöner Strand, reichlich Unterkünfte und Restaurants sowie Gelegenheit, mit einer Bootstour in den *Coorong National Park* vorzustoßen; *Coorong Cruises (ab 90 A$ | Tel. 08 85 55 22 03 | www.coorongcruises.com.au)*. Sehr beliebt ist auch *Victor Harbor (www.tourismvictorharbor.com.au)* (12 000 Ew.), interessant das *South Aust-*

ralian Whale Centre (tgl. 10.30–17 Uhr | 10 A$ | 2 Railway Terrace) mit Informationen über die Südlichen Glattwale, die man hier von Juni bis September beobachten kann. Die Victor Harbor vorgelagerte Insel *Granite Island* ist das Zuhause von rund 2000 kleinen Fairy-Pinguinen und über eine hölzerne Brücke zu erreichen. Bis dahin kommen Sie mit der historischen Pferdebahn. Übernachten können Sie in der *Cape Jervis Station (15 Zi. und Apt. sowie Wohnmobilstellpätze | Cape Jervis Road | Tel. 08 85 98 02 88 | www.capejervisstation.com.au | €€)* nahe der Kangaroo-Island-Fähre. *100 km südlich*

FLINDERS RANGES NATIONAL PARK ★ (187 D3) (ℳ F5–6)

Die bizarren rot oder violett schimmernden Felsenformationen des rund 950 km^2 großen Nationalparks ragen über 400 km nördlich von Adelaide aus einer weiten Ebene. Tiefe Schluchten durchziehen die überwiegend trockene Zone. Die meisten Touren oder Unterkünfte in dieser herrlichen Wildnis müssen Sie bereits von Adelaide aus buchen. Ein Allradwagen ist nur abseits der Hauptstrecke nötig. Der *Wilpena Pound*, eine riesige, von einem Ring zackiger Felsen umgebene Landschaft, ist das Wahrzeichen der Flinders Ranges. Vor über 500 Mio. Jahren war diese Hochebene Teil des Meeresbodens, wovon zahlreiche Versteinerungen in den Felsen zeugen. **INSIDER TIPP** *Iga Warta (Tel. 08 86 48 37 37 | www.igawarta.com)* heißt der Besitz der Coulthard-Familie, die Besuchern die Adnyamathanha-Kultur erklären. Cliff Coulthard, der in Frankreich bei der Sicherstellung und Interpretation der Felsmalereien von Lascaux half, zeigt seinen Gästen einige der zahlreichen Felsmalereien und Ritzungen in den Schluchten der Flinders Ranges. Die Gäste helfen mit beim Jagen und Sammeln von *bushfood*, wandern oder reiten auf den Pferden der Familie tief ins Gebirge. Touren (ab 30 A$) können einige Tage oder nur ein paar Stunden dauern. Man kann auf Iga Warta (via Copley) campen oder sich vom *Wilpena Pound Resort (60 Zi., 400 Zeltplätze | Tel. 08 86 48 00 04 | www.wilpenapound.com.au | €€)* abholen lassen.

KANGAROO ISLAND ★
(186 C6) (*ꞔ F6–7*)

120 km südwestlich von Adelaide liegt Kangaroo Island. Für Tierliebhaber ist die 150 km lange Insel eine Attraktion. Man kann von Adelaide in ca. 30 Minuten nach Kangaroo Island fliegen, z. B. mit *Regional Express/Rex (Tel. 013 17 13 | www.rex.com.au)* oder *Air South Charter (Tel. 08 82 34 49 88 | www.airsouth.com. au)*, oder mit der Autofähre *Kangaroo Island Sealink Ferry (PKW mit 2 Pers. etwa 370 A$ | Tel. 013 13 01 | www.sealink.com. au)* in knapp einer Stunde von Cape Jervis auf der Fleurieu Peninsula nach Pen-

neshaw übersetzen. Auf der Insel gibt es kein öffentliches Verkehrssystem. Über die Hälfte von Kangaroo Island ist dicht bewaldet, über 30 Prozent der Wildnis ist Nationalpark. Die Strände der Insel bevölkern riesige Seehund- und Seelöwenkolonien. Im *Seal Bay Conservation Park (Führungen tgl. ab 9 Uhr | ab 32 A$)* an der *Seal Bay* im Süden können Sie in Begleitung von Rangern eine Kolonie von mehreren Hundert Seelöwen besuchen. Pinguine nisten gleich neben der Anlegestelle für die Fähre. Pelikane drängen sich abends um den Pier von *Kingscote*. Im Winter ruhen sich Südliche Glattwale vor der Insel aus. Wer nicht nur wandern und Tiere sehen möchte, kann auf Kangaroo Island schwimmen, surfen, tauchen, reiten, Fahrrad fahren, Honig und Eukalyptusölprodukte kaufen – und sehr gut essen. Übernachten können Sie z. B. in den *cabins* der *Flinders Chase Farm Accommodation (Tel. 08 85 59 72 23 | www.flinderschasefarm. com.au | €)*. Tagesausflüge ab Adelaide

Cliff Coulthard erläutert die Felszeichnungen in den Flinders Ranges

mit Bus und Fähre dauern ca. 16 Stunden. Sinnvoll ist die Hinfahrt mit Bus/Fähre (Abfahrt ca. 6.30 Uhr) und der Rückflug gegen 18 Uhr, z. B. mit *Sealink (ab 450 A$ | www.sealink.com.au)*. Besser noch, man plant zwei Tage für die Insel ein. Gute naturkundliche Touren, auch in deutscher Sprache und für Selbstfahrer, organisiert *Kangaroo Islands Odysseys (ab ca. 405 A$ | Tel. 08 85 53 03 86 | www.kangarooislandodysseys.com.au)*. Umfassende Infos unter: *www.tourkangarooisland.com.au*

PORT AUGUSTA (186 C4) (*𝄐 F6*)
Die Hafenstadt (14 000 Ew.) fungiert in erster Linie als Versorgungszentrum für das entlegene Landesinnere weiter nördlich und ist ein *gateway to outback,* sowohl für Straße wie Schiene: Von hier führen der Stuart Highway und der legendäre „Ghan" bis Darwin, der Eyre Highway endet in Western Australia. Doch bevor man Port Augusta verlässt, sollte man sich ein wenig Zeit nehmen, zumindest für das historische Stadtzentrum mit *Town Hall* und *Court House*. Auskunft: *Visitor Information Centre (41 Flinders Terrace | Tel. 08 86 41 91 93 | www.portaugusta.sa.gov.au). 300 km nördlich*

COOBER PEDY

(186 A2) (*𝄐 E5*) **846 km nördlich von Adelaide und 685 km von Alice Springs am Stuart Highway gelegen, ist Coober Pedy (Aboriginal *kuba piti* für „weißer Mann in einem Loch") bekannt für die weißen Opale dieser Gegend.**

Das ganze Gebiet ist mit Tausenden Minenlöchern übersät. 85 Prozent der weltweit produzierten Schmuckopale stammen aus Coober Pedy und den beiden anderen Opalstädten *Andamooka* und *Mintabie*. Bei Tagestemperaturen von bis zu 45 Grad und eisiger Kälte in der Nacht erstaunt es nicht, dass die 3500 Bewohner von Coober Pedy aus der Not eine Tugend gemacht haben: Viele leben in ausgedienten Minen. Ganze Wohnungen und sogar Kirchen und Hotels wurden in das Gestein gehauen. In den *dugouts* herrschen das ganz Jahr hindurch Temperaturen von angenehmen 24 Grad.

Einen guten Einblick in Leben und die Natur des Outbacks vermittelt die Fahrt mit dem Postboten, der *Mail Run (Mo, Do 9 Uhr | 600 km in ca. 12 Stunden | ca. 195 A$ | Tel. 08 86 72 52 26 | www.desertdiversity.com.au)*, der ab Coober Pedy nach *Oodnadatta* und *William Creek* führt. Ziel eines einstündigen Rundflugs ist **INSIDER TIPP** *Anna Creek Painted Hills*, eine ca. 300 km² große Sandstein-Hügellandschaft, die in allen Farben schimmert *(ab Coober Pedy bzw. William Creek ca. 300 A$ | www.wrightsair.com.au)*.

Opale aus Coober Pedy: In der Minenstadt sind sie günstiger als sonst im Land

SEHENSWERTES

OLD TIMERS MINE
Durch die ehemalige Opalmine werden Touren angeboten. Auch zwei *Dugout*-Wohnungen sind zu besichtigen. *Tgl. 9–17 Uhr | 10 A$ | Crowders Gully Road | www.oldtimersmine.com*

ESSEN & TRINKEN

TOM & MARY'S TAVERNA
Griechisches Restaurant. *Tgl. | Hutchison Street | Shop 4/2 | Tel. 08 86 72 56 22 | €*

EINKAUFEN

Geschäfte in der Hutchison Street verarbeiten Opale und verkaufen Schmuck. Die Preise sind hier niedriger als in Großstädten *(short.travel/aus26)*.

ÜBERNACHTEN

RADEKA'S DUGOUT BACKPACKERS
Wie es sich in einem *dugout* wohnt, können Sie in dieser ehemaligen Opalmine ausprobieren. Das Angebot reicht von der preiswerten Schlafstatt im Mehrbettzimmer bis zur unterirdischen Familiensuite. *34 Zi. | Oliver Road | Tel. 08 86 72 52 23 | www.radekadownunder. com.au | €–€€*

AUSKUNFT

VISITOR INFORMATION CENTRE
Gebäude des District Council | Hutchison Street | Tel. 1800 63 70 76 | www. cooberpedy.sa.gov.au/tourism

ZIEL IN DER UMGEBUNG

THE BREAKAWAYS RESERVE
(186 B1) (*ω E5*)
Das vegetationsarme Hügelgebiet, das je nach Stand der Sonne in verschiedenen Farben leuchtet, befindet sich etwa 32 km nördlich von Coober Pedy und ist immer wieder mal Filmkulisse. Der ☀ Panorama Hill etwa spielte eine wichtige Rolle in dem 1979 gedrehten Actionfilm „Mad Max", der Mel Gibson zum internationalen Durchbruch verhalf.

TASMANIA

Fast ein Drittel Tasmaniens ist geschützte Wildnis – zackige Felsgipfel, riesige Farne, moosüberwachsene Urwaldriesen, Wildbäche, Seen und versteckte Strände.

In Isolation vom australischen Festland haben sich hier Pflanzen und Tiere entwickelt, die es sonst nirgendwo gibt. Die Insel, etwa so groß wie Bayern, ist der kleinste und kühlste Staat Australiens. Die meisten der knapp 520 000 Einwohner leben in Hobart im Süden und Launceston im Norden. Tasmanien erforscht man am besten mit einem Mietwagen. Die Übernachtungskosten sind hoch, als Alternative bieten sich Wohnmobile an *(z. B. Auto Rent Hertz | www.autorent. com.au)*. Campingplätze sollten im Sommer am Anreisetag vorgebucht werden.

CRADLE MOUNTAIN/ LAKE ST. CLAIR

(191 D5) (*ⁿ G8*) Der ★ Cradle Mountain-Lake St. Clair National Park gehört zu den ältesten geschützten Regionen Tasmaniens.

Zwei Zufahrten bieten Einlass: Im Süden lässt der Highway (A10) zum Lake St. Clair abzweigen, im Norden führt eine Stichstraße ins Cradle Valley. Dank der touristisch geprägten Infrastruktur hat sich Cradle Valley zum Parkzentrum gemau-

Unberührte Wildnis: Der kleinste Bundesstaat des Kontinents ist ein Geheimtipp für erfahrene Australienreisende

sert, während Lake St. Clair mit wildromantischen, stillen Ufern auftrumpfen kann. Sie benötigen einen Parkpass für das Auto *(ca. 65 A$ für bis zu 8 Personen).*

ESSEN & TRINKEN/ ÜBERNACHTEN

CRADLE MOUNTAIN LODGE
Rustikal wie stilvoll eingerichtetes Hotel am nördlichen Parkeingang. Im angeschlossenen *Waldheim Alpine Spa* können Sie sich mit Massagen und anderen Wellnessanwendungen und im renommierten Restaurant kulinarisch verwöhnen lassen. *100 cabins | Tel. 03 64 92 21 03 | www.cradlemountainlodge. com.au | €€€*

CRADLE VALLEY DISCOVERY HOLIDAY PARKS
Preiswerte Möglichkeit zu übernachten, ungefähr 2 km vor der nördlichen Einfahrt zum Nationalpark. *Wohnmobilstellplätze und 36 cabins | Tel. 03 64 92 13 95 | www.discoveryholidayparks.com.au | €*

INSIDER TIPP LEMONTHYME LODGE

Rund 25 km außerhalb des Nationalparks Richtung Moina. Gäste wohnen in 29 luxuriösen Blockhütten mitten im Wald. Das Restaurant im hölzernen Haupthaus ist ausgezeichnet. *Cradle Moun-*

OVERLAND TRACK

Der rund 65 km lange Overland Track von Cradle Mountain bis zum Lake St. Clair führt in etwa fünf Tagen durch Bergregionen, Hochmoore, Regenwälder und tiefe Täler mit spektakulären

Trockenen Fußes geht es durch den Regenwald bei der Lemonthyme Lodge

tain Road | Tel. 03 64 92 11 12 | www. lemonthyme.com.au | €€€

FREIZEIT & SPORT

CRADLE VALLEY BOARDWALK

Gut präparierter Wanderweg zwischen dem *Interpretation Centre* der *National Park Ranger Station,* einer sehenswerten Naturkundeausstellung kurz hinter dem nördlichen Parkeingang, und dem Dove Lake. Hin und zurück ist die Strecke 17 km lang (5 Stunden Gehzeit), vorbei an moosbewachsenem Unterholz und mächtigen Baumriesen. Alternativ befördert ein Shuttlebus ab *Visitor Centre* Personen, die diese lange Strecke nicht zu Fuß gehen möchten, durch den Park. *Tagespass 17 A$*

Wasserfällen. Infos zu geführten Touren *(ab ca. 2000 A$)* unter *www.tas-ex.com* oder *www.cradlehuts.com.au.* Nov.–April nur nach Anmeldung (200 A$) | *www. overlandtrack.com.au*

AUSKUNFT

CRADLE MOUNTAIN VISITOR CENTRE

An der nördlichen Parkzufahrt, 2 km vor dem Eingang | Tel. 03 64 92 15 90 | www. parks.tas.gov.au

DEVONPORT

(191 D5) (*ɔ H8*) **Devonport (28 000 Ew.) ist das Tor zum rauen Nordwesten Tasmaniens. Im geschäfti-**

gen Hafen der Stadt legt die täglich verkehrende Autofähre aus Melbourne an.

ESSEN & TRINKEN

LUCAS' HOTEL
Gutes Bier und herzhafte Küche mit frischen Produkten. *Tgl. | 46 Gilbert Street | Latrobe, 9 km südlich | Tel. 03 64 26 11 01 | www.lucashotellatrobe.com.au | €–€€*

AUSKUNFT

TASMANIAN TRAVEL AND INFORMATION
92 Formby Road | Tel. 1800 64 95 14 | www.devonporttasmania.travel

ZIELE IN DER UMGEBUNG

DELORAINE (191 D5) (*M H8*)
Für Feinschmecker ist die ländlich geprägte Kleinstadt 50 km südöstlich ein lohnender Abstecher. Denn in der Lachsfarm 🌐 *41° South Aquaculture (6 km südwestlich, ausgeschildert an der Montana Road | www.41southtasmania. com)* dürfen die delikaten Speisefische ohne chemische Zusätze heranwachsen. Der kleine Laden verkauft frischen Lachs, Räucherware und Lachscreme. Appetit auf Süßes wird in der *Honey Farm (39 Sorell Street | ca. 20 km westlich in Chudleigh | www.thehoneyfarm.com. au)* gestillt. Star unter den Honigarten ist aromatischer *leatherwood honey* aus den Blüten heimischer Baumriesen.

STANLEY (191 D4) (*M G8*)
Viktorianische Häuser und kleine Geschäfte säumen die alte Hauptstraße von Stanley (540 Ew., 100 km nordwestlich) unterhalb von *The Nut (Circular Head)*. Der steile Felsen mit Sessellift ist ein beliebtes Ausflugsziel. Sie können Pinguine und Seelöwenkolonien besuchen

oder eine Bootstour in die wuchernde *Arthur River Wilderness* unternehmen. *Stanley's on the Bay (15 Wharf Road | Tel. 03 64 58 14 04 | www.stanleyvillage.com. au | €–€€)* und *Julie and Patrick (2 Alexander Terrace | Tel. 03 64 58-1103 | €)* sind ausgezeichnete Restaurants, und in den *cabins* des INSIDER TIPP *Beachside Retreat (4 Zi. | 31 Church Street | Tel. 03 64 58 13 50 | www.beachsideretreat. com | €€–€€€)* direkt am Strand können nen Sie romantisch übernachten. Informationen und Buchungen: *Stanley Visitor Information (45 Main Road | Tel. 03 64 58 13 30 | www.stanley.com.au)*

HOBART

(191 D6) (*M H8*) **Die Hauptstadt Tasmaniens (216 000 Ew.) mit vielen kolonialen Sandsteinbauten erstreckt sich vom malerischen Hafen am Derwent River bis in die umgebenden Berge.**

⭐ **Cradle Mountain/ Lake St. Clair**
Kaum berührte Bergwildnis mit herrlichen Wanderwegen → S. 120

⭐ **Port Arthur**
Ruinen mit einer grausamen Geschichte, angesiedelt in lieblicher Umgebung → S. 125

⭐ **Strahan**
Fischerdorf und Tor zur Wildnis Tasmaniens → S. 128

⭐ **Franklin-Gordon Wild Rivers National Park**
Begeben Sie sich per Schiff auf Urwaldexpedition → S. 129

MARCO POLO HIGHLIGHTS

Die Spitze des ❄ Mount Wellington ist häufig von Nebel umgeben. An klaren Tagen haben Sie jedoch von hier eine herrliche Aussicht auf die Stadt.

SEHENSWERTES

BATTERY POINT
Winzige historische Arbeiterhäuschen mit blühenden Vorgärten, alte Sandsteinvillen, alternative Cafés, Buchläden und Antiquitätengeschäfte prägen den ältesten Stadtteil von Hobart um die Hampden Road. *Arthur's Circus*

INSIDER TIPP ▶ MONA (MUSEUM OF OLD AND NEW ART) ●
Besucher des Kunstmuseums am Ufer des River Derwent erleben angesichts der abenteuerlichen Präsentationen von alter bis experimenteller Kunst ein Fest für alle Sinne. Die Sammlung *(Mi–Mo 10–18 Uhr | 20 A$)* ist Privatbesitz eines wohlhabenden Finanzinvestors. Zur weitläufigen Anlage gehören die kleine, aber feine Bierbrauerei *Moo Brew*, ein

CITY WOHIN ZUERST?
Sullivans Cove, wo auch Ausflugsschiffe und Fähren ablegen, eignet sich als Startpunkt für einen Innenstadtbummel, die historischen Viertel von Salamanca Place und Battery Point eingeschlossen. Wer mit dem Bus anreist, steigt am Franklin Square/Elizabeth Street aus, unweit des Travel Centre.

Weinkeller mit Bar, das elegante Restaurant *The Source (Mi–Mo, abends Mi–Sa | €€€)* sowie acht Luxus-Ferienapartments *(€€€)* oberhalb des Flusses. Hin gelangt man auch per Boot (ab Brook St. Ferry Terminal/Sullivans Cove). *655 Main Road | Berriedale | www.mona.net.au*

ESSEN & TRINKEN

BLUE EYE
Kleines Restaurant mit italienisch inspirierter Küche. Preisgünstige Mittagskar-

Im Hafen von Hobart endet das jährliche Sydney to Hobart Yacht Race

te. *Tgl. | Castray Esplanade/Salamanca Place | Tel. 03 62 23 52 97 | www.fishfish.com.au | €€–€€€*

FISH FRENZY
Eine Institution und Garant für frische Meerestiere auf dem Teller. *Tgl. | Elizabeth Street Pier | Tel. 03 62 31 21 34 | www.fishfrenzy.com.au | €€–€€€*

JACKMAN AND MCROSS
Toll für die Kaffeepause oder das Frühstück. *57 Hampden Road | Battery Point*

MURES
Restaurant mit eigener Fischfangflotte. Gäste können wählen zwischen den fein eingedeckten Tischen im ersten Stock (€€–€€€), dem Self-Service-Ambiente im Erdgeschoss (€–€€) und einer Sushibar (€€–€€€). *Tgl. | Victoria Dock | Sullivans Cove | Tel. 03 62 31 21 21 | www.mures.com.au*

PROSSER'S ON THE BEACH
Tolle Fischgerichte in einmaliger Steillage. *So geschl. | 1 Beach Road | Sandy Bay | Tel. 03 62 25 22 76 | €€€*

Typisches Haus in Battery Point

SULLIVANS COVE APARTMENTS
Großzügige, smart eingerichtete Räumlichkeiten für Selbstversorger, die meisten mit Blick auf Sullivans Cove. *20 Zi. | 19a Hunter Street | Tel. 03 62 34 50 63 | www.sullivanscoveapartments.com.au | €€€*

FREIZEIT & SPORT

INSIDER TIPP *Premier Travel Tasmania* (Tel. 03 62 27 13 88 | www.premiertraveltasmania.com) bietet sehr schöne ein- und mehrtägige Spezialtouren *(ab 330 A$)* für Gruppen ab zwei Personen – auch in Deutsch. Im Fokus stehen die Beobachtung der Tierwelt und die Entdeckung der Natur Tasmaniens.

ÜBERNACHTEN

LENNA OF HOBART
Luxushotel in denkmalgeschützter Villa. *50 Zi. | 20 Runnymede Street | Tel. 03 62 32 39 00 | www.lenna.com.au | €€*

AUSKUNFT

TASMANIAN TRAVEL CENTRE
Davey Street/Elizabeth Street | Tel. 03 62 38 42 22 | www.hobarttravelcentre.com.au | www.hobartcity.com.au

ZIEL IN DER UMGEBUNG

PORT ARTHUR ★ (191 E6) (*⑭ H8*)
Die Ruinen der Strafkolonie befinden sich auf der malerischen Tasmanian Peninsula etwa 100 km südlich von Hobart. Das interaktive *Port Arthur Visitor Centre (tgl. 8.30–17 Uhr | ab 37 A$ inkl. Führung und Harbour Cruise | www.portarthur.org.au)* und tägliche Führungen vermitteln

ein Bild des Alltags der Sträflinge. Nehmen Sie sich dafür vier Stunden Zeit, am besten am frühen Nachmittag. Abends lernen Sie dagegen auf der 90-minütigen *Ghost Tour* (25 A$) die örtlichen Gespenster kennen. Übernachten in Offiziersquartieren aus der Sträflingszeit können Sie in den *Cascades Colonial Cottages (533 Main Road | Koonya | Tel. 03 62 50 38 73 | www.cascadescolonial.com.au | €€–€€€)* in fünf Luxusapartments an einer idyllischen Bucht ca. 15 km entfernt. Ein sehr komfortabler Campingplatz mit großen Stellplätzen inklusive Feuerstelle ist der *Port Arthur Holiday Park (Reservieren! | Tel. 03 62 50 23 40 | www.portarthurhp.com.au | ca. 3 km bis zur Historic Site)*.

Einen ca. dreistündigen Schiffsausflug für seefeste Naturen ab Port Arthur entlang der Steilküste mit Tierbeobachtungen organisiert *Tasman Island Cruises (125 A$ | Tel. 03 62 50 22 00 | www.tasmancruises.com.au)*. Ca. 10 km von Port Arthur entfernt, am Abzweig nach Koonya liegt der *Tasmanian Devil Conservation Park (tgl. 9–17 Uhr | Port Arthur Highway | Taranna | www.tasmaniandevilpark.com)*, wo man die Tasmanischen Teufel besonders gut beobachten kann.

LAUNCESTON

(191 D5) *(ω H8)* **Die zweitgrößte Stadt Tasmaniens (110 000 Ew.) ist Ziel einer großen Zahl von Feinschmeckern.** Besuchen Sie nicht nur die vielen guten Restaurants, sondern auch die Weinberge und Obstplantagen des benachbarten Tamar Valley. Zahlreiche historische Gebäude und Parks zieren die Innenstadt von Launceston.

SEHENSWERTES

CATARACT GORGE

Die tiefe Schlucht des reißenden *South Esk River* führt bis ins Herz der Stadt. Eine rund einstündige Wanderung geht über die schwankende Alexandra-Hängebrücke zum steilen ☼ *Eagle Eyrie Lookout* und weiter zum alten *Toll House* an der *Kings Bridge*. Alternativ entführt eine etwa einstündige Bootsfahrt mit *Tamar River Cruises (tgl. 9.30–15.30 Uhr | 30 A$ | Home Point Cruise Terminal, am Ende der Home Point Parade | Tel. 03 63 34 99 00 | www.tamarrivercruises.com.au)* durch die dramatische Felsschlucht.

ESSEN & TRINKEN

PIPER'S BROOK VINEYARD

Nördlich von Launceston laden eine Reihe von Weingütern zum Lunch inmitten der Rebenfelder ein: Piper's Brook Vineyard bietet tolles Essen und herrliche Ausblicke von der ☼ Terrasse. *Tgl. 10–17 Uhr | 1216 Pipers Brook Road | www.pipersbrook.com | €–€€*

STAR BAR CAFÉ

Hinter der alten Fassade gibt's beste Pizza aus dem Holzofen. Freitags bis sonntags Livemusik. *Tgl. | 113 Charles Street | Tel. 03 63 31 61 11 | €–€€*

Was vom Empire übrig blieb: ehemalige Strafkolonie Port Arthur

INSIDER TIPP ▶ STILLWATER

Pfiffiges Bistro mit vielfach preisgekrönter Küche. *Tgl. | Ritchie's Mill | Patterson Street | Tel. 03 63 31 41 53 | €€€*

FREIZEIT & SPORT

HOLLYBANK TREETOP ADVENTURE

Das luftige Abenteuer in schwindelnder Höhe ist ein rasantes Naturerlebnis. Die angeseilten Teilnehmer „überfliegen" bis zu 370 m lange Abschnitte, bei *night flights* sogar im Dunkeln. *Tgl. 9–17 Uhr | 3 Std. inkl. Einweisung ca. 120 A$ | 66 Hollybank Road | Underwood | 15 Fahrminuten nordöstlich | www.treetopsadventure. com.au*

ÜBERNACHTEN

ALICE'S COTTAGES

Sechs in verschiedenen Stilrichtungen eingerichtete Apartments/Cottages. *129 Balfour Street | Tel. 03 63 34 22 31 | www.cottagesofthecolony.com.au | €€–€€€*

Wenn Sie auf den Geschmack gekommen sind: Unter INSIDER TIPP ▶ *www.cottages ofthecolony.com.au* finden Sie 25 weitere Häuser aus dem 19. und dem beginnenden 20. Jhs. in Tasmanien.

AUSKUNFT

LAUNCESTON TRAVEL AND INFORMATION CENTRE

68 Cameron Street | Tel. 1800 65 18 27 | www.ltvtasmania.com.au

ZIEL IN DER UMGEBUNG

BEAUTY POINT (191 E6) (*ＭＤ H8*)

Etwa 50 km nördlich, am Westufer des hier breiten Tamar River, warten drei Attraktionen auf Tagesausflügler: Im *Platypus House (23 A$ | www.platypushouse. com.au)* können Sie neben Schnabeltieren auch die scheuen Echidnas und in der *Seahorse World (24 A$ | www. seahorseworld.com.au)* nebenan niedliche Seepferdchen aus nächster Nähe betrachten *(Head Wharf | beide ab*

9.30, letzte Führung 16.30 Uhr). Südwestlich bei *Beaconsfield* gewährt das *Mine and Heritage Centre* (tgl. 9.30–16.30 Uhr | 13 A$ | West Street | www.beaconsfieldheritage.com.au) spannende Einblicke in die Historie des größten Goldbergwerks Tasmaniens. Ermäßigten Eintritt gibt's mit dem *Tamar Triple Pass* (short.travel/aus27). Ruhig und am Wasser liegt der Campingplatz *Beauty Point Tourist Park* (36 West Arm Road | Beauty Point | Tel. 03 63 83 45 36 | www.beautypointtouristpark.com.au | €–€€) im Tamar Valley.

ST. HELENS

(191 E5) (*∅ H8*) Die einstige Walfangstation im Osten hat sich zu einem munteren Ferienort (2100 Ew.) an der geschützten Georges Bay gemausert.

Es gibt eine gute Auswahl an Restaurants *(Blue Shed Café | Fischverkauf nebenan | Tel. 03 63 76 11 70 | €€)* und Unterkünften. Achtung: Eine Reservierung ist hier ratsam, selbst auf Campingplätzen wie *Camping Hillcrest (Stieglitz | ca. 6 km außerhalb | Tel. 03 63 76 32 98 | www.hillcresttouristpark.com.au)*, der auch *cabins* vermietet. ☀ *Queechy Cottages (24 Zi. | 2 Tasman Highway | Tel. 03 63 76 13 21 | www.queechycottages.com.au | €€)* ist ein Motel für Selbstversorger mit Blick auf die Bucht, nur fünf Gehminuten vom Zentrum entfernt. Infos: www.tasmaniaseastcoast.com.au

ZIELE IN DER UMGEBUNG

BAY OF FIRES (191 E6) (*∅ H8*)

Mit abgeschiedenen, blütenweißen Traumstränden wartet die lang gezogene Bucht ca. 12 km nördlich auf. Folgen Sie unterwegs unbedingt dem Abzweig nach *Binalong Bay* (www.binalongbay.

com.au) – auch nur, um auf der ☀ INSIDER TIPP Panoramaterrasse des *Binalong Bay Café* (64a Main Road | Tel. 03 63 76 81 10 | €–€€) für einen Snack Platz zu nehmen. Einige wildromantische Campingplätze (besonders schön *Cosy Bag* und *Jeanneret Beach*) gewähren direkt am Meer Unterkunft, jedoch ohne Stromanschluss.

FREYCINET NATIONAL PARK
(191 E6) (*∅ H8*)

Geschützte Natur mit einsamen Sandstränden – der Strand in der Wineglass Bay gilt als einer der schönsten weltweit und die ca. dreistündige Wanderung hin und zurück ab Parkplatz lohnt sich in jedem Fall. Eindrucksvolle Ansichten der Küstenszenerie hat man vom Wasser. Entweder bei einer vierstündigen *Eco Cruise (130 A$ | Tel. 03 62 57 03 55 | www.wineglassbaycruises.com.au)* im schnittigen Katamaran oder 🐢 im Kajak von *Freycinet Adventures (95 A$ | Tel. 03 62 57 05 00 | www.freycinetadventures.com.au)* mit umweltfreundlichem Paddelantrieb.

Als komfortable, aber umweltverträglich errichtete Unterkunft mittendrin empfiehlt sich die 🐢 *Freycinet Lodge (60 Zi. | Tel. 03 62 57 01 01 | www.freycinetlodge.com.au | €€€)*, deren tolle ☀ Caféterrasse mit herrlichem Blick auf die Coles Bay auch Nichtgästen offensteht. Informationen unter www.parks.tas.gov.au und www.freycinetcolesbay.com.

STRAHAN

(191 D5) (*∅ G8*) ★ Strahan (700 Ew.) ist eine Ansammlung kleiner, hübscher Holzhäuser und Ziegelbauten.

Im von Hügeln umgebenen Naturhafen Macquarie Harbour liegen Fischerboote, Yachten und Ausflugsschiffe. Einst war

Abgelegene Wildnis: der Franklin-Gordon Wild Rivers National Park

Strahan Sträflingskolonie und Holzfäl-
lersiedlung.

ESSEN & TRINKEN/ÜBERNACHTEN

THE STRAHAN VILLAGE
Die Anlage bietet eine gute Unterkunfts-
möglichkeit und zwei Restaurants direkt
am Hafen. *140 Zi. und Apartments | The
Esplanade | Tel. 03 64 71 42 00 | www.
strahanvillage.com.au | €–€€*

AM ABEND

„The Ship that never was" ist ein witzi-
ges, einstündiges Theaterstück über einen geglückten Fluchtversuch aus der
Sträflingskolonie. Es wird seit langer Zeit
täglich um 17.30 Uhr im *Strahan Visitor
Centre (Ticket 14 A$)* aufgeführt.

AUSKUNFT

STRAHAN VISITOR CENTRE
*The Esplanade | Tel. 03 64 72 68 00 |
www.westernwilderness.com.au*

ZIELE IN DER UMGEBUNG

FRANKLIN-GORDON WILD RIVERS NAT. PARK ★ (191 D5–6) (⌖ G8)
Die Schiffe von *Gordon River Crui-
ses (ab 105 A$ | 24 Esplanade | Tel. 03
62 25 70 16 | www.gordonrivercruises.
com.au)* fahren von Macquarie Harbour auf dem Gordon River durch einen
der wenigen Urwälder der gemäßigten
Zone mit bis zu 2000 Jahre alten Bäu-
men (etwa 6 Std.).

QUEENSTOWN (191 D5) (⌖ G8)
Das Bergarbeiterstädtchen liegt mitten
in einer Mondlandschaft, erst langsam
wird wieder aufgeforstet. Die Minenarbeiter bauen vor allem Kupfer und Gold
ab. Besuchen Sie das historische *Para-
gon Theatre (tgl. ab 14.45 Uhr | www.
theparagon.com.au),* das eindrucksvolle Filme über die Umgebung zeigt. Zwischen Queenstown und Strahan dampft
auf einer abenteuerlichen Strecke die
Museumsbahn *West Coast Wilderness
Railway (ein- bis zweimal tgl. | ab 95 A$ |
www.wcwr.com.au). short.travel/aus28*

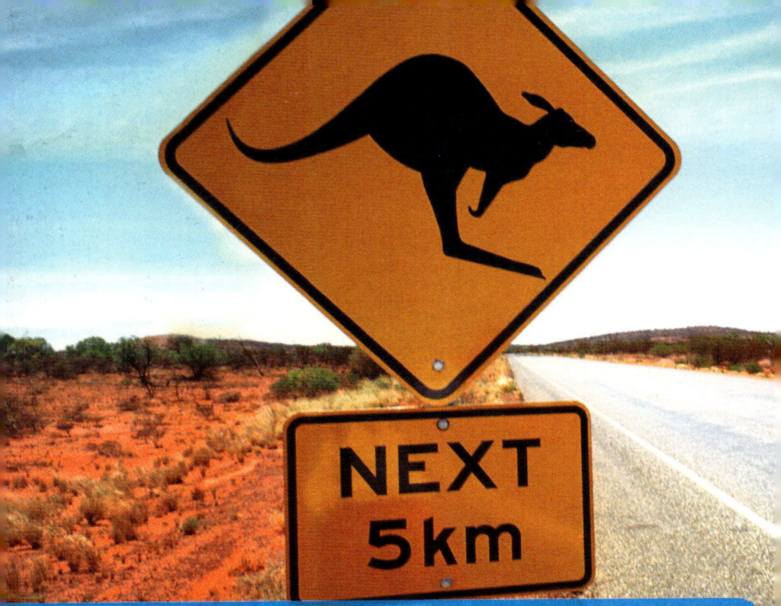

ERLEBNISTOUREN

1 AUSTRALIEN PERFEKT IM ÜBERBLICK

START: ① Melbourne
ZIEL: ㉙ Sydney

Strecke:
➡ 10 992 km

29 Tage
reine Reisezeit
19 Tage

KOSTEN: Pro Person ca. 8500 A$ (Inlandsflüge, Benzin, *permits*, Zugfahrt, Übernachtungen, Verpflegung, Eintritte)
MITNEHMEN: Sonnen- und Mückenschutz und insgesamt nicht mehr als 20 kg Gepäck und 7 kg Handgepäck pro Person

ACHTUNG: Buchen Sie nicht nur Flug- und Zugtickets frühzeitig (Internet), sondern reservieren Sie auch vorab die Mietwagen. **Uluru Kata Tjuta National Park** und **Kakadu National Park** sind gebührenpflichtig (je 25 A$ pro Person), *permits* an der Zufahrt.

Jeder Zipfel dieser Erde hat seine eigene Schönheit. Wenn Sie Lust haben, die einzigartigen Besonderheiten dieser Region zu entdecken, wenn Sie tolle Tipps für lohnende Stopps, atemberaubende Orte, ausgewählte Restaurants oder typische Aktivitäten bekommen wollen, dann sind diese maßgeschneiderten Erlebnistouren genau das Richtige für Sie. Machen Sie sich auf den Weg und folgen Sie den Spuren der MARCO POLO Autoren – ganz bequem und mit der digitalen Routenführung, die Sie sich über den QR-Code auf S. 2/3 oder die URL in der Fußzeile zu jeder Tour downloaden können.

Australien hält Sie auf Trab. Zu erleben gibt es reichlich, und wer sich nichts entgehen lassen will auf dem facettenreichen Kontinent, muss zwischendurch auch mal große Entfernungen zurücklegen.

Los geht die Tour in ❶ **Melbourne** → S. 57, und zwar mit einem Spaziergang auf dem **Golden Mile Heritage Trail** → S. 59 durch die Innenstadt vorbei an prachtvollen viktorianischen Bauten und hin zu den **Royal Botanic Gardens** → S. 60, vor denen der **Shrine of Remembrance** → S. 62 weit über die ausgedehnten Parkanlagen schauen lässt.

TAG 1–3

❶ Melbourne

Bild: Outback im Northern Territory

Noch mehr Ausblick garantiert das **Eureka Skydeck 88** → S. 58. Das **Melbourne Museum** → S. 60 lohnt ebenso den Besuch wie das **Immigration Museum** → S. 59, und verpassen Sie beim Einkaufsbummel nicht den **Queen Victoria Market** → S. 64. Für den Abend sichern Sie sich einen Sitzplatz im **Rooftop Cinema** → S. 63, verbunden mit einem Dinner im Restaurant **Cookie** → S. 63 darunter. Auch die Plätze für eine Vorstellung im renommierten **Victorian Arts Centre** → S. 64 sollten Sie frühzeitig reservieren. Den Abschluss des Melbourne-Aufenthalts bildet der Bootsausflug auf dem Yarra River zum historischen Hafen **Williamstown** → S. 62, dann geht es **mit der Straßenbahn** zum Strandbesuch nach **St. Kilda Beach** → S. 61. Lassen Sie den Abend kulinarisch im **Circa → S. 63** ausklingen, um sich anschließend rund um die **Fitzroy Street** ins Nightlife zu stürzen.

Nehmen Sie morgens den Flug nach ❷ **Adelaide → S. 110**, wo Sie auf dem **Central Market → S. 113** zu Mittag essen. Anschließend bummeln Sie **entlang der North Terrace zum South Australian Museum → S. 113**, der **Art Gallery of South Australia → S. 112** und dem **Ayers House Historic Museum → S. 112**. Zum Dinner lädt die **Grote Street** mit Restaurants für jeden Geschmack und Geldbeutel ein. Mit dem Mietwagen fahren Sie tags darauf für einen Tagesausflug ins ❸ **Barossa → S. 115**. Zentraler Ausgangspunkt für die Erkundung des idyllischen und traditionsreichen Weinanbaugebiets ist **Tanunda → S. 115**.

Um die Mittagszeit *(12.15 Uhr, meist nur So)* verlässt der legendäre **The Ghan → S. 114** den Bahnhof in Adelaide und **erreicht am späten Nachmittag** Port Augusta → S. 118, um **während der Nacht das Innere des Kontinents Richtung Norden** zu durchqueren.

Gegen Mittag fährt der Zug in der Wüstenmetropole ❹ **Alice Springs → S. 84** ein. Nutzen Sie den Nachmittag, um sich beim **Royal Flying Doctor Service → S. 86** und in der **School of the Air → S. 86** umzuschauen, bevor Sie im Hotel **Double Tree → S. 86** mit beliebtem Thairestaurant einchecken. Am nächsten Vormittag besuchen Sie den **Alice Springs Desert Park → S. 85**, nachmittags die **Old Telegraph Station Reserve → S. 85**, bevor Sie sich pünktlich zum Sonnenuntergang auf dem **Anzac Hill → S. 85** einfinden. Vorher können Sie sich auf der **Todd Mall** im Zentrum in einem der Cafés oder Restaurants stärken.

Mit dem Mietwagen steuern Sie über den Stuart und den abzweigenden Lasseter Highway den weltberühmten Uluru an. Touristisches Zentrum ist das ❺ **Ayers Rock Resort (Yulara) → S. 88** mit Unterkünften, Restaurants und Einkaufsmöglichkeiten. Seien Sie nicht zu spät zum Sonnenuntergang an dem roten Felsen: Die besten Plätze am ausgewiesenen **Sunset-Standort** *(Sonnenunter- und -aufgangszeiten: short.travel/aus1)* sind schnell vergeben. Spektakulär wie der vergangene Tag aufgehört hat, fängt der neue an: Der Sonnenaufgang, den Sie vom **Sunrise-Standort** verfolgen, lässt den Felsen erneut erglühen. Umrunden Sie den ❻ **Uluru → S. 88 auf dem markier-**

TAG 4–5

777 km

❷ Adelaide

70 km

❸ Barossa

TAG 6

1629 km

TAG 7–8

❹ Alice Springs

TAG 9–10

502 km

❺ Ayers Rock Resort (Yulara)

20 km

❻ Uluru

12 km

❼ Uluru-Kata Tjuta Cultural Centre 🏛

47 km

❽ Kata Tjuta 🌿 🏃

TAG 11–12

1559 km

❾ Darwin

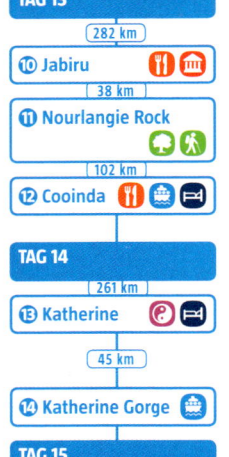

TAG 13

282 km

❿ Jabiru 🍴 🏛

38 km

⓫ Nourlangie Rock 🌿 🏃

102 km

⓬ Cooinda 🍴 🚢 🚐

TAG 14

261 km

⓭ Katherine 🅿 🚐

45 km

⓮ Katherine Gorge 🚢

TAG 15

105 km

⓯ Edith Falls 🌿 🏊

259 km

⓰ Florence Falls 🌿 🏊

---

ten Weg, bevor Sie zum **❼ Uluru-Kata Tjuta Centre → S. 88** und weiter zum **❽ Kata Tjuta → S. 88** fahren, wo Sie ca. drei Stunden durch das **Valley of the Winds → S. 89** wandern. Ein besonderes Erlebnis am Abend ist das **Sounds of Silence Dinner → S. 88**.

Am Ayers Rock/Connellan Airport gehen Sie an Bord des Fliegers nach **❾ Darwin → S. 89**, wo Sie wiederum einen Mietwagen übernehmen. Für den Rest des Tages erkunden Sie zu Fuß das übersichtliche Zentrum um die **Mitchell** und **Smith Street** und bummeln **hinunter zur Waterfront** und bis zur **Stokes Hill Wharf → S. 90**. Den lauen Tropenabend verbringen Sie entspannt bei Essen und Trinken im **Deckchair Cinema → S. 91**. Am nächsten Tag fahren Sie **auf der East Point Road** bis zum Aussichtspunkt am **East Point → S. 91**. In der nahen Fannie Bay besichtigen Sie das **Fannie Bay Gaol Museum → S. 90** und das **Museum & Art Gallery of the Northern Territory → S. 90**. Nach der Mittagspause im Stadtzentrum ist Gelegenheit, sich in den **Kunstgalerien → S. 91** nach einem Mitbringsel umzuschauen, bevor Sie auf dem **Mindil Beach Sunset Market → S. 90** einkaufen und an den Imbissständen schlemmen.

Verlassen Sie Darwin auf dem **State Highway 1, um dem Highway 36 (Arnhem Highway) bis zum Kakadu National Park → S. 93** zu folgen. Nach der Mittagspause im Besucherzentrum in **❿ Jabiru → S. 93** nehmen Sie den **Highway 21 (Kakadu Highway),** der Sie für eine kurze Wanderung zum **⓫ Nourlangie Rock → S. 94** bringt. Beziehen Sie Ihr Zimmer in der **Cooinda Lodge → S. 94** (mit Restaurant) in **⓬ Cooinda**, wo am frühen Abend eine Bootstour auf dem **Yellow Water Billabong → S. 94** startet.

Sie fahren auf dem **Kakadu Highway weiter bis zum Stuart Highway, dann Richtung ⓭ Katherine → S. 94**. Checken Sie dort im **Riverview Tourist Village und Hot Springs → S. 95** ein und nehmen Sie **INSIDER TIPP** ein Bad in den nahen heißen Quellen, bevor Sie den 30 km östlich gelegenen **Nitmiluk National Park** ansteuern, um per Boot die **⓮ Katherine Gorge → S. 95** zu erkunden.

Dem State Highway 1 (Stuart Highway) folgen Sie Richtung Norden, nach 42 km machen Sie einen Badeabstecher zu den **⓯ Edith Falls → S. 95. Der nächste Abzweig führt in den Litchfield National Park → S. 93**. Zu den Badeplätzen **folgen Sie der Straße bis zu den ⓰ Florence**

Falls. Anschließend geht es **zurück zum Stuart Highway und nach ⑰ Darwin → S. 89**, wo Sie übernachten.

Am Darwin Airport nehmen Sie die Maschine nach ⑱ **Cairns → S. 77**. Verbringen Sie den restlichen Tag auf den lebhaften Einkaufsstraßen im Zentrum und kühlen Sie sich an der **Esplanade → S. 79** mit der hübschen Badelandschaft ab. Das Dinner nehmen Sie im **Ochre Restaurant → S. 79** ein. Der folgende Tag steht im Zeichen des **Kuranda Classic Experience → S. 78**, einer aufregenden Kombination aus Aboriginalkultur im **Tjapukai Cultural Centre → S. 78**, einer Seilbahnfahrt ins Regenwalddorf ⑲ **Kuranda → S. 78** und Zugfahrt zurück nach Cairns *(bei der Buchung auf Transfer ab/bis Hotel achten!)*.

Wieder hinter dem Steuer eines Mietwagens **verlassen Sie den Captain Cook Highway** für einen Badestopp in ⑳ **Palm Cove → S. 82**, bevor Sie sich an wunderschönen **Four Mile Beach → S. 82** in ㉑ **Port Douglas → S. 82**, wo Sie für die nächsten drei Nächte Quartier beziehen, erneut in die Fluten stürzen. Bummeln, einkaufen und gut essen können Sie auf der zentralen **Macrossan Street → S. 82**. Der nächste Tag gehört dem legendären ㉒ **Great Barrier Reef → S. 68**: Ausflugsboote legen morgens im kleinen Hafen von Port Douglas ab und kehren am Nachmittag zurück. Für den Ausflug mit dem Mietwagen in den **Daintree National Park → S. 81** sollten Sie einen weiteren, langen Tag veranschlagen. Sie fahren wieder **auf dem Captain Cook Highway Richtung Norden und weiter nach Mossman, wo ein ausgeschilderter Abzweig** zum Badeplatz in der ㉓ **Mossman Gorge → S. 81** führt. **Zurück auf der Hauptstraße überqueren Sie bald mit der Autofähre den Daintree River** und tauchen in tropisches Regenwalddickicht ein: Gelegenheit, um die Tier- und Pflanzenwelt aus der Nähe zu betrachten. Letzter Stopp ist am ㉔ **Cape Tribulation → S. 81**, bevor es zurück nach Port Douglas geht.

Wieder mal geht es zu einem Flughafen, diesmal heißt Ihre Destination ㉕ **Brisbane → S. 73**. Sie steigen im Hotel **Rydges South Bank → S. 75** ab, von dem es nicht weit zum Restaurant- und Vergnügungsviertel **South Bank → S. 73** ist. Und auch zum **Queensland Cultural Centre → S. 73** ist es vom Hotel aus ein Katzensprung. **Über die Victoria Bridge** gelangen Sie in die City zur verkehrsberuhigten Einkaufsmeile **Queen Street Mall → S. 74**. Sonntags steigert der attraktive **Riverside Market → S. 74** die Konsumfreude noch.

145 km

⑰ Darwin

TAG 16–17

1729 km

⑱ Cairns

23 km

⑲ Kuranda

TAG 18–20

62 km

⑳ Palm Cove

42 km

㉑ Port Douglas

81 km

㉒ Great Barrier Reef

109 km

㉓ Mossman Gorge

70 km

㉔ Cape Tribulation

TAG 21–22

1598 km

㉕ Brisbane

Zurück zum Hotel spazieren Sie **am Flussufer entlang und durch die Botanic Gardens**. Ins Ausgehviertel **New Farm → S. 74**, wo Sie im **Anise → S. 74** zu Abend essen sollten, bringt Sie ein Taxi.

Die nördlich gelegene **Sunshine Coast → S. 77** erkunden Sie mit dem Auto. Sie folgen dem **Bruce Highway (A1) bis zum Abzweig nach Caloundra und dort dem Küstenverlauf,** vorbei an schönen Badestränden nach **26 Noosa Heads → S. 77**. Nach dem Einchecken im Hotel bleibt noch Zeit für eine Wanderung durch den nahen **Noosa National Park → S. 77**. Abends lässt sich ein Spaziergang auf der Strandpromenade gut mit dem Dinner in einem der Restaurants verbinden. Morgens um 7 Uhr startet der organisierte Tagesausflug nach **27 Fraser Island → S. 76**: Mit **Fraser Island Adventure Tours** *(180 A$ | Tel. 07 54 44 69 57 | www.tourfraser.com.au)* erkunden Sie die Düneninsel, an deren Stränden wegen Strömung und Haien Baden verboten ist. Gegen 17 Uhr sind Sie wieder zurück in Noosa Heads. Genießen Sie am nächsten Vormittag noch einmal den Strand von Noosa Heads, bevor Sie die Rückfahrt antreten. In **28 Mooloolaba** machen Sie einen Stopp bei **INSIDER TIPP ▶ Fisheries on the Spit** *(tgl. 6–19 Uhr | 21 Parkyn Parade | Tel. 07 54 44 11 65 | www.fisheriesonthespit.com. au | €)*, um nach einem delikaten Meeresfrüchte-Imbiss die **letzten Kilometer bis Bisbane zurückzulegen.**

Der letzte Inlandsflug dieser Tour bringt Sie in die Hafenmetropole **29 Sydney → S. 32**. Suchen Sie zunächst Ihr Hotel auf, bevor Sie sich auf Entdeckungsreise durch den historischen Stadtkern **The Rocks → S. 36** begeben, **wo Sie an der Sydney Cove entlangschlendern** und einen herrlichen Blick auf Harbour Bridge und Opera House genießen können, bevor Sie in einem der zahlreichen Restaurants und Bars den Tag ausklingen lassen. Setzen Sie am nächsten Morgen den Stadtrundgang durch The Rocks fort, vorbei am **Museum of Contemporary Art → S. 35** bis zur **Harbour Bridge → S. 35**, die nur darauf wartet, bei einem *bridge climb* bestiegen zu werden. Nehmen Sie an einer Führung durch das **Opera House → S. 36** teil, bevor Sie am Nachmittag durch die **Royal Botanic Gardens → S. 36** bis zum sehenswerten **Australian Museum → S. 33** spazieren. Am folgenden Tag können Sie einem Einkaufsbummel auf der **George Street**, in der **Pitt Street Mall** und im eindrucksvollen **Queen Victoria Building → S. 39** mit einem Besuch von **Darling Harbour → S. 34** verbinden. Dort sind Sie min-

TAG 23–25

165 km

26 Noosa Heads

149 km

27 Fraser Island

184 km

28 Mooloolaba

TAG 26–29

903 km

29 Sydney

destens einen halben Tag mit Besichtigungen beschäftigt, z. B. des **Aquariums → S. 32** und des **Australian National Maritime Museum → S. 34**. Für den Mittagssnack lohnt sich ein Abstecher zum **Sydney Fish Market → S. 38**. Für den obligatorischen Strandbesuch müssen Sie in die östlichen Stadtteile fahren, nach **Bondi → S. 40**, Bronte → S. 40 oder Coogee → S. 40. **Am besten mit Linienbussen oder dem Bondi Explorer ab Circular Quay → S. 34**. Hier legen auch die Ausflugsboote zu Hafenrundfahrten ab, bei denen Sie die Metropole aus einer ganz anderen, sehr reizvollen Perspektive betrachten können.

2

EINE REISE DURCH DIE TRAUMZEIT

START: ❶ Alice Springs
ZIEL: ⓭ Uluru

3 Tage
reine Fahrzeit
14 Stunden

Strecke:
 784 km

KOSTEN: Pro Person ca. 800 A$ für Automiete, Benzin, *permit,* Übernachtung, Verpflegung
MITNEHMEN: Sonnen- und Fliegenschutz, Kopfbedeckung, Wanderschuhe, Fernglas, Trinkwasser, Straßenkarten

ACHTUNG: Sie brauchen ein Fahrzeug mit Vierradantrieb! Erkundigen Sie sich beim Visitor Information Centre → S. 87 in ❶ Alice Springs nach dem aktuellen Zustand der unbefestigten Strecken, deren Schwierigkeitsgrad von den Wetterverhältnissen abhängt, und den Öffnungszeiten der Tankstellen. Tanken Sie das Fahrzeug zu Beginn jeder Tagesetappe voll und nehmen Sie ausreichend Trinkwasser und Proviant mit. Vorsicht vor Wildwechsel, vor allem morgens und ab den späten Nachmittagsstunden. Sie fahren zeitweise durch Aboriginalland. Bitte verhalten Sie sich entsprechend und fahren Sie nicht abseits der Straßen. Das Mitführen von Alkohol ist verboten.
Um die Meenie Loop Road befahren zu können, müssen Sie vorher den *Meenie Tour Pass (3 A$)* erwerben, entweder im Visitor Information Centre → S. 87 in ❶ Alice Springs oder im ❽ Glen Helen Resort.

Auf dieser Tour dringen Sie tief ein in das Innere des Kontinents, in kulturell und mythologisch bedeutende Regionen der zentralaustralischen Aborigines. Begegnen Sie der faszinierenden Tier- und Pflanzenwelt in den atemberaubend schönen Schluchten der MacDonnell Ranges westlich von Alice Springs, um abseits der Hauptrouten den Watarrka National Park mit dem berühmten Kings Canyon zu erreichen und anschließend zum mystischen Uluru zu gelangen.

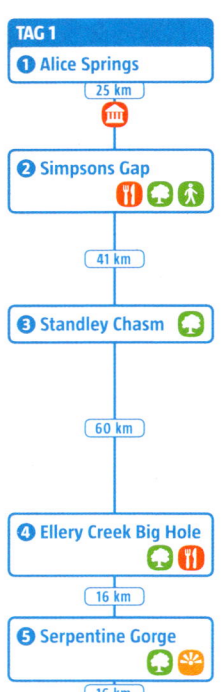

TAG 1

❶ Alice Springs

25 km

❷ Simpsons Gap

41 km

❸ Standley Chasm

60 km

❹ Ellery Creek Big Hole

16 km

❺ Serpentine Gorge

16 km

Die Fahrt beginnt in ❶ **Alice Springs → S. 84**. Folgen Sie im Zentrum **dem vom Stuart Highway abzweigenden Larapinta Drive in westliche Richtung**. Nach 7 km fällt am linken Straßenrand die **Grabstätte von John Flynn**, dem Gründer des Royal Flying Doctor Service → S. 86 ins Auge. Zu einer ersten Pause lädt ❷ **Simpsons Gap**. Zu diesem Wasserloch führt Sie ein kurzer Spaziergang zwischen Eukalyptusbäumen. Hier werden Sie verstehen, weshalb die Schluchten der MacDonnell Ranges für die Aborigines nicht nur kulturell, sondern auch wirtschaftlich bedeutend waren: Sie lieferten ihnen Wasser und Nahrung. **24 km weiter auf dem Larapinta Drive zweigen Sie ab zur ❸ Standley Chasm**. Die Kluft präsentiert sich um die **INSIDER TIPP▶** Mittagszeit besonders spektakulär, wenn die Sonne den Durchgang in einen glühend roten Korridor verwandelt.

Zurück auf dem Larapinta Drive verlassen Sie die Straße auch schon wieder, um dem Namatjira Drive entlang der West MacDonnell Ranges zu folgen. Die nächste Stichstraße endet am ❹ Ellery Creek Big Hole. Die Landschaft um das große Wasserloch ist geologisch besonders interessant und vielseitig und bietet sich für ein Picknick an. Ein nächster Zwischenstopp **auf dem Namatjira Drive** lohnt an der ❺ **Serpentine Gorge**. Wie ihr Name andeutet, windet sich die Schlucht einem Reptil gleich durch den Fels.

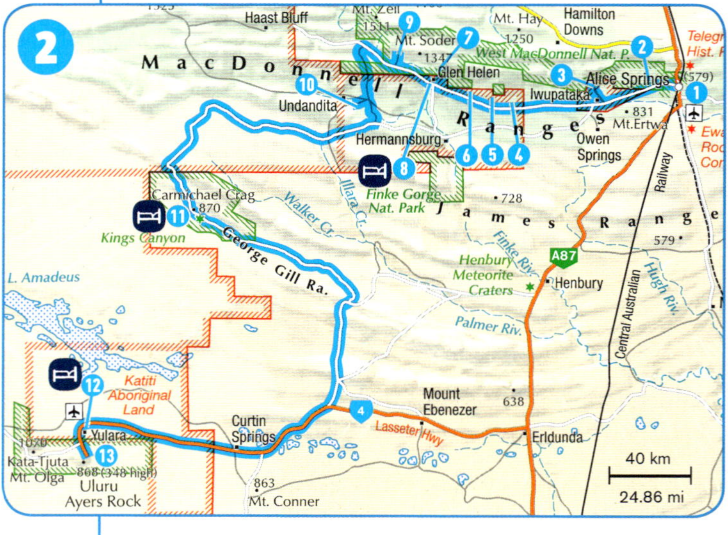

Je nach Sonnenstand wechseln die Felswände der Standley Chasm die Farbe

Fahren Sie anschließend nicht achtlos an den **❻ Ochre Pits** vorbei. Sie repräsentieren einen Querschnitt durch die 700 Mio. Jahre alte Erdgeschichte der Region. Das hellgelbe bis rostrote Ockergestein verarbeiteten die Aborigines zu Farben für Felsmalereien. Nach einem letzten Abstecher in die **❼ Ormiston Gorge** treffen Sie schließlich im **❽ Glen Helen Resort** *(25 Zi., Campingplatz | Namatjira Drive | Tel. 08 89 56 74 89 | www.glenhelen.com.au | €€)* ein. Der nahe Finke River gilt als ältester Fluss der Welt und ist ein Vogelparadies.

Der jetzt unbefestigte **Narmatjira Drive** bringt Sie bei frischer Morgenluft zur idyllischen **❾ Redbank Gorge**, bevor Sie Kurs **nach Südwesten** nehmen und sich dem Tnorala Conservation Reserve mit dem **❿ Gosse-Bluff-Krater** nähern, der durch den Einschlag eines Meteoriten vor etwa 140 Mio. Jahren entstand und von den Aborigines als heiliger Ort verehrt wird. Wer die sehr ruppigen 10 km Piste nicht scheut, gelangt **auf einer Stichstraße** in den Riesenkrater mit 5 km Durchmesser – und wird nach Abstellen des Motors mit unglaublicher Stille belohnt. Ein **ausgewiesener Wanderweg** führt noch näher an den Krater heran.

Sie haben noch rund 180 km *gravel road* bis zum Watarrka National Park/Kings Canyon vor sich. **An der nächsten**

❻ Ochre Pits

26 km

❼ Ormiston Gorge

12 km

❽ Glen Helen Resort

TAG 2

26 km

❾ Redbank Gorge

52 km

❿ Gosse-Bluff-Krater

182 km

⑪ Kings Canyon

TAG 3

307 km

⑫ Ayers Rock Resort (Yulara)

22 km

⑬ Uluru

Kreuzung biegen Sie nach rechts in die Mereenie Loop Road *(Permit-Pflicht)* ein und durchqueren ab jetzt Aboriginalland. Die besten Übernachtungsmöglichkeiten inklusive Campingplatz und Blick auf einen überwältigenden Sternenhimmel bieten sich am ⑪ **Kings Canyon → S. 87**.

Eine ca. zwei- bis dreistündige Wanderung führt Sie am Vormittag durch den Canyon, bevor Sie die durchweg geteerte Strecke **über die Luritja Road und den nach rechts abzweigenden Lasseter Highway** zum Uluru zurücklegen. Planen Sie den Tag so, dass bei Ankunft im ⑫ **Ayers Rock Resort (Yulara) → S. 88** Zeit bleibt einzuchecken, bevor Sie zum Sonnenuntergang *(Sonnenuntergangszeiten: short. travel/aus1)* Position am ⑬ **Uluru → S. 88** einnehmen.

③ SPEKTAKULÄRE KÜSTENFAHRT: GREAT OCEAN ROAD

START: ❶ **Melbourne** **ZIEL:** ⑯ **Flagstaff Hill Maritime Village**	**4 Tage** reine Fahrzeit 10 Stunden

Strecke:
➡ **577 km**

KOSTEN: Pro Person ca. 800 Euro (Automiete, Benzin, Eintritte, Übernachtung, Verpflegung)
MITNEHMEN: Sonnenschutz, Fernglas, Badesachen, Strandschuhe, winddichte Jacke

ACHTUNG: ⑯ **Flagstaff Hill Maritime Village:** Karten für die Show „Shipwrecked" vorher reservieren

Die Panoramaroute zeigt Ihnen einen der aufregendsten Küstenabschnitte der Welt. Endlose Strände, steile Klippen und schäumende Meeresbrandung begleiten die kurvenreiche Fahrt auf der legendären ★ Great Ocean Road zur Hauptattraktion – den Twelve Apostles. Unterwegs können Sie surfen, baden, wandern und allerhand Wildtiere beobachten – vielleicht bekommen Sie sogar ein scheues Schnabeltier oder Wale zu Gesicht.

TAG 1

❶ **Melbourne**

73 km

❷ **Geelong**

26 km

Der **Highway M1** bringt Sie von ❶ **Melbourne → S. 57** nach ❷ **Geelong**. In der Hafenstadt lohnen der **Botanische Garten** und ein **Art-déco-Meerwasserpool** an der Waterfront sowie das **National Wool Museum** *(Mo–Fr 9–17, Sa, So ab 10 Uhr | 8 A$ | 26 Moorabool Street | www. geelongaustralia.com.au/nwm)* einen Besuch.

Ab Geelong folgen Sie den Schildern (B 100) nach ❸ Tor-quay. Die Siedlung gilt weithin als Mekka der Surfsze-ne. Davon zeugt bei der Ortseinfahrt das Museum **Surf-world** *(tgl. 9–17 Uhr | 12 A$ | www.surfworld.com.au)*. In den gut sortierten `INSIDER TIPP` Surfshops nebenan kön-nen Sie sich ausstaffieren und ein Board leihen, um am **Bell's Beach** den Profis nachzueifern, die hier zu Ostern das internationale Bell's Beach Surfing Classic austragen. Zum Strand führt ein **beschilderter Abzweig am Ortsende.** Zurück auf der Great Ocean Road fahren Sie zum nächs-ten Strandvergnügen: in dem kleinen Badeort ❹ **Angle-sea**, wo Sie auf der **Harvey Street** zum Lookout mit tol-lem Blick auf die Küste gelangen. 14 km weiter wartet mit ❺ **Fairhaven Beach** ein weiterer Traumstrand auf Sie, be-vor Sie in ❻ **Lorne** *(www.lornelink.com.au)* einfahren. Das lebhafte touristische Zentrum des Küstenstrichs bietet Gas-tronomie jeder Art, einen Tretbootverleih im **Boathouse** *(tgl. 9–17 Uhr | 10 A$/30 Min.)* jenseits der Fußgängerhän-gebrücke und am Ortsausgang fangfrische Meeresfrüchte bei **The Pier Seafood** *(tgl. | Lorne Pier Head | €€)* mit Res-taurant, Imbiss und Shop. Nun beginnt einer der schöns-ten Abschnitte der Great Ocean Road! Noch 49 km sind es bis Apollo Bay → S. 65, einem freundlichen Ferienort, in dem sich der strandnahe ❼ **Marengo Holiday Park** *(Tel. 03 52 37 61 62 | www.marengopark.com.au | €€)* mit *ca-bins* und Camping zum Übernachten anbietet.

TAG 2

15 km

8 Maits Rest Rainforest Walk

137 km

9 Cape Otway Lighthouse

TAG 3

76 km

10 Gibson Steps

2 km

11 Twelve Apostles Lookout

13 km

12 Port Campbell

TAG 4

72 km

Nun geht es in die waldreiche Wildnis des **INSIDER TIPP** **Great Otway National Park** *(www.parkweb.vic.gov.au)*. Nach nur 15 km animiert ein Schild am Straßenrand zu einer 40-minütigen Rundwanderung auf dem ausgeschilderten **8 Maits Rest Rainforest Walk**. Wer jetzt Appetit auf mehr bekommen hat: Durch den Nationalpark führen reizvolle Wanderrouten unterschiedlicher Länge, ideal um Tiere zu beobachten. Schnabeltiere können Sie bei der geführten Paddeltour „Paddle with the Platypus" am späten Nachmittag mit **Otway Eco Tours** *(Dauer: 3–4 Std. | ca. 90 A$ | Tel. 03 52 36 63 45 | www.platypustours.net.au)* aus nächster Nähe erleben.

Zurück im Auto folgen Sie **dem 13 km langen Abzweig zum Cape Otway**, markiert von einem weißen Leuchtturm, dem **9 Cape Otway Lighthouse** *(tgl. 9.30–16.30 Uhr | 10 A$ | 2 Zi., 6 Häuser | Tel. 03 52 37 92 40 | www.lightstation. com | €€)*, den Mitte des 19. Jhs. Sträflinge hier oben an der Steilküste errichtet haben. Man kann die historische Anlage besichtigen und dort übernachten.

Die nächsten Kilometer auf der Great Ocean Road bescheren unspektakuläre landschaftliche Eindrücke – bis zum **Port Campbell National Park** mit seinen **Twelve Apostles**. Erste gute Ausblicke auf die berühmte Felsformation in aufschäumender Brandung gewähren links der Straße die **10 Gibson Steps** hinab zum Strand. Bei gutem Wetter können Sie sich von hier aus zu Fuß den Kalksteinfelsen – es sind inzwischen nur noch sieben – nähern. Mit dem Auto sind es knapp 2 km bis zum großen Parkplatz und dem **11 Twelve Apostles Lookout**, der über Türme, Brücken und Bögen der erodierten Felsen staunen lässt. Vorbei an der **Loch Ard Gorge** (Stopp einlegen!) geht es ins Fischerdorf **12 Port Campbell**, wo Sie dank netter Restaurants wie dem **Waves** *(tgl. | 29 Lord Street | Tel. 03 55 98 61 11 | €€)*, Cafés und einem sicheren Badestrand mittendrin angenehm den Tag ausklingen lassen. Quartier beziehen können Sie im **Southern Ocean Motor Inn** *(28 Zi. | 2 Lord Street | Tel. 03 55 98 62 31 | www.southernoceanmotorinn.com | €€)*.

Der letzte Abschnitt der Panoramaroute lässt noch mal auf einige pittoreske Küstenformationen wie **London Arch** oder **The Grotto** blicken, passiert bei Kilometer 13 die sandige **Bay of Martyrs**, wo im Sommer Sturmvögel nisten, und mündet 20 km weiter in den **Princess Highway (A1) Richtung Warrnambool**. Die einstige Walfängersiedlung lockt heute Walbeobachter an, denn im australischen Winter (Juni–Sept.) kalben hier in der Bucht *southern right whales* (Südkaper oder Südliche Glattwale), die mit dem Fernglas von der Aussichtsplattform am ⑬ **Logans Beach** gut zu beobachten sind **(die Logans Beach Road zweigt von der Hopkins Point Road ab)**.

Für die Mittagspause lohnt sich die Fahrt **auf dem Princess Highway nach** ⑭ **Port Fairy → S. 67** mit seinen denkmalgeschützten Häusern ebenso wie auf dem Rückweg der Abstecher auf etwa halber Strecke zum ⑮ <mark>INSIDER TIPP</mark> **Tower Hill State Game Reserve**, wo eine faszinierende Wildnis mit zahlreichen Tieren den tiefen Krater eines erloschenen Vulkans erfüllt. Drumherum führt eine schmale Straße, auf der Sie besonders ab dem späten Nachmittag auf Wildwechsel gefasst sein müssen.

Am Abend sollten Sie auf jeden Fall zurück in Warrnambool sein, genauer gesagt im ⑯ **Flagstaff Hill Maritime Village** *(tgl. 9–17 Uhr | 8 A$, Show 16 A$ | Merri Street | Reservierungstel. 03 55 59 46 00 | www.flagstaffhill.com)*, der Nachbildung einer Hafenstadt im 19. Jh., zur Sound-and-Laser-Show „Shipwrecked", bei der die abenteuerliche Geschichte des Küstenstrichs mit seinen vielen Schiffsunglücken lebendig wird. Nostalgisch übernachten können Sie in der angeschlossenen **Lighthouse Lodge** *(3 Zi. | 18 00 55 61 11 | www.flagstaffhill.com | €€–€€€)* – im hübsch restaurierten Leuchtturmwärterhäuschen.

⑬ Logans Beach

33 km

⑭ Port Fairy

17 km

⑮ Tower Hill State Game Reserve

16 km

⑯ Flagstaff Hill Maritime Village

Sieben (ursprünglich neun) Felsen bilden die berühmten Twelve Apostles

④ REGENWALDWANDERUNG IM LAMINGTON NATIONAL PARK

START: ❶ Parkplatz, Binna Burra
ZIEL: ❶ Parkplatz, Binna Burra

6–8 Stunden
reine Gehzeit
4½ Stunden

Strecke: leicht
🔄 **16 km**   📶 **Höhenmeter: 680 m**

MITNEHMEN: Sonnenschutz, Insektenschutzmittel, wasserabweisende Wanderstiefel, Fernglas, Trinkwasser (mind. 1,5 l/Person), Proviant, Wanderkarte

ACHTUNG: Weitere Infos zur Tour beim Ranger *(Mo–Fr 13.30–15.30, Sa, So 9–17 Uhr | Tel. 07 55 33 35 84)* oder unter *short.travel/aus2*
Anfahrt zum ❶ **Parkplatz:** In Binna Burra der Binna Burra Road bis zum Ende folgen

Durch den Lamington National Park → S. 77 im gebirgigen Hinterland der Gold Coast führt der Coomera Falls Circuit, ein abwechslungsreicher, nicht zu anspruchsvoller und gut ausgeschilderter Rundwanderweg, der Sie bis auf Höhen von 1000 m und von der subtropischen in die kühl-gemäßigte Vegetationszone bringt.

❶ Parkplatz

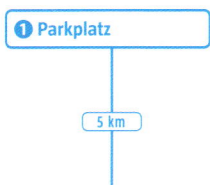

5 km

08:00 Der ❶ **Parkplatz** in Binna Burra befindet sich bereits in 800 m Höhe. **Sie folgen zunächst dem Border Track.** Der gut ausgebaute Pfad ist so etwas wie die Hauptverkehrsader im dichten Wanderwegenetz des Nationalparks. Hinter hoch aufragenden, immergrünen *brush box trees* **biegen Sie ab auf den Coomera Falls Circuit** und laufen erst mal gemächlich abwärts.

Der Coomera Falls Circuit führt durch üppig grünen Regenwald

Bald geht es steiler bergab – zum ❷ **Coomera Falls Lookout**, wo Sie imposante Wasserfälle direkt vor Augen und der Kameralinse haben. Zeit für eine Pause! Der Coomera River ergießt sich hier 64 m tief, gleich nebenan stürzen die **Yarrabilgong Falls** 160 m hinab. Angesichts der spritzigen Umgebung ist es kein Wunder, dass die Luft herrlich frisch ist. Doch Vorsicht bei Regenwetter: Auf dem glitschigen Boden rutscht man leicht aus!

Der aufsteigende Pfad lässt das Dickicht bald hinter sich und erreicht lichten Eukalyptuswald. Gönnen Sie sich am Rand der 160 m tiefen ❸ **Schlucht des Coomera River** eine Pause, um die spektakuläre Szenerie auf sich wirken zu lassen.

Bald steht die erste Überquerung des Coomera River an. Wegen der Blutegel sollten Sie dabei die Wanderstiefel anbehalten, auch wenn Insektenschutzmittel die harmlosen, aber lästigen Blutsauger angeblich in Schach halten. Auf den nächsten 3,5 km werden Sie noch mehrmals die Ufer wechseln müssen, vorbei an den **Bahnamboola Falls**, **Gwongarragong Falls** und **Chigigunya Falls**, um nur einige der jetzt dicht aufeinanderfolgenden Wasserfälle zu nennen. In den zahlreichen wassergefüllten Felsbecken ist der *blue Lamington spiny crayfish*, eine Flusskrebsart, beheimatet.

12:00 An den ❹ **Goorawa Falls**, **wo der Weg wieder auf den Border Track mündet,** haben Sie schon mehr als die Hälfte der Strecke geschafft – und sich eine weitere (Essens-)Pause verdient. **Von jetzt ab folgen Sie der Route nach Norden** – und bergauf: Etwa 100 m Höhenunterschied gilt es nun zu überwinden.

15:00 Oben prägt antarktischer Buchenwald die Vegetation, eine Bewaldung, die auf diesem Kontinent nur in kühlerem Klima gedeiht. Bei klarem Wetter bieten sich herrliche Ausblicke über die von Schluchten zerfurchten Hochplateaus, z. B. vom ❺ **Joahla Lookout** aus, bevor **der Border Track Sie zurück zum** ❶ **Parkplatz** führt.

❷ **Coomera Falls Lookout**

> 100 m

❸ **Schlucht des Coomera River**

> 3,5 km

❹ **Goorawa Falls**

> 3 km

❺ **Joahla Lookout**

> 4,5 km

❶ **Parkplatz**

SPORT & WELLNESS

An den endlosen Küsten des Inselkontinents kann man schwimmen, surfen, segeln oder tauchen – in den Bergen klettern oder gar Ski fahren.

Auch Extremsportler kommen auf ihre Kosten. Und immer mehr Australier lassen sich von der Wellnesswelle mitreißen. Wohlfühloasen werden noch überwiegend in Luxusresorts angeboten. Die Preise sind entsprechend, die Anwendungen meist traditionell asiatisch. Allerdings besinnt man sich hier und da auch alter Wellnessrezepturen der Ureinwohner.

GOLF

Im ganzen Land wird Golf gespielt – selbst in der Wüste. Auf den meisten Golfplätzen sind Gäste willkommen. Gebühren für eine Runde liegen zwischen 40 und 200 A$. Für etwa 45 A$ können Sie sich Schläger, manchmal auch Schuhe leihen. Auskunft: *Australian Golf Union (Tel. 03 96 99 79 44 | www.golf.org.au)*

KANU & KAJAK

Die langen Küsten Australiens und die wilden Flüsse Tasmaniens oder der Snowy Mountains sind für *sea kayaking*, Kanufahrten und Rafting ideal. In vielen Küstenorten oder in der Nähe der Nationalparks gibt es Veranstalter, die Kanus, Kajaks und Ausrüstung verleihen oder geführte Touren anbieten. **INSIDER TIPP** *World Expeditions (Tel. 02 82 70 84 00 | www.worldexpeditions.com.au)* veran-

Auf dem australischen Kontinent verbindet man Sport mit reinem Naturerlebnis – Möglichkeiten gibt es viele

stalten eintägige bis zweiwöchige Touren in ganz Australien, die oft *aboriginal communities* miteinbeziehen, z. B. auf dem *Larapinta Trail* (ca. 200 A$).

MOUNTAINBIKEN

Während der Kontinent – auch wegen seiner enormen Entfernungen – für konventionelle Radtouren nur bedingt taugt, empfiehlt er sich vielerorts als ideales Terrain für Mountainbiker. Am Great Barrier Reef, auf der Whitsunday-Insel South Molle, wurde 2014 sogar ein 14 km langer Trail präpariert. Die Blue Mountains mit Tausenden Kilometern Feuerschneisen gelten als Herausforderung, vor allem die bergige 120 km lange Strecke von Glenbrook nach Wentworth. 20 ausgedehnte Routen skizziert *www.cycletrailsaustralia.com*, interessanten Lesestoff enthält das „Australian Mountain Bike Magazine (AMB)" *(www.ambmag.com.au)*. Es gibt zahlreiche geführte Touren; *Remote Outback Cycle Tours (Tel. 04 18 63 31 06 | www.*

remoteoutbackcycletours.com.au) entführt sogar ins Outback, ab 900 A$.

REITEN

In Australien kann man fast überall reiten: in Reitschulen, in Parks, auf Rinder- oder Schaffarmen *(Ausritte sind Teil vieler farmstays)*, am Strand und durch Regenwald – und im „Reiterhimmel", den Snowy Mountains, z. B. bei **INSIDER TIPP** *Reynella Rides (3 Tage/4 Nächte ab 1100 A$ | Tel. 02 64 54 23 86 | www.reynellarides.com.au).*

SEGELN

In allen australischen Küstengroßstädten und in vielen Ferienorten gibt es Segelschulen und -vereine, wo Sie segeln lernen oder als gewieftes Crewmitglied mitsegeln können. Informationen/Preislisten erhalten Sie bei den örtlichen Visitor-Information-Büros. Im Hafen von Sydney macht das Segeln auch nicht ganz seefesten Seglern Spaß. *Sail Australia (Cremorne | Sydney | Tel. 02 99 60 61 11 | www.sailaustralia.com.au)* vermittelt Segelcharter (ab 90 A$ pro Person). Ein weiteres prachtvolles Segelrevier sind die Whitsunday Islands. Renommierter Anbieter für Törns ab Airlie Beach ist z. B. *Pro Sail (Tel. 07 49 46 75 33 | www.prosail.com.au).* Zwei Tage ab 359 A$.

SURFEN

Surfschulen gibt es an den meisten bewachten Stränden Australiens. *Sydney Safe Surf Schools (Tel. 02 93 65 43 70 | www.safesurfschools.com.au)* am Strand von Maroubra veranstaltet **INSIDER TIPP** ausgezeichnete Einführungskurse zum Preis von 55 A$ für zwei Stunden, Surfboard und *wetsuit* inklusive. *Surf & stay* bietet *Mojo Surf (Tel. 02 66 39 51 00 | Tel.*

1800 11 30 44 | www.mojosurf.com) an der Ostküste in der Byron Bay an: vier Tage inklusive Übernachtung, Vollpension, Ausrüstung, Unterricht für 450 A$. Surfies treffen sich an den Stränden der Great Ocean Road, bevorzugt an Bell's Beach, der Gold Coast oder im Süden der Westküste, berüchtigt für brachiale Wogen und deshalb nur etwas für erfahrene Surfer. Dagegen sind die Gewässer um Perth für Anfänger ideal. Am Pelican Point am Nordufer des Swan River lernen Sie surfen (vier Stunden 199 A$) oder kitesurfen z. B. bei *Windforce Watersports (Tel. 08 93 86 18 30 | www.windforce.com.au).* Mehr über die Top-Spots unter *www.surfing-waves.com*, *www.surfingaustralia.com*.

TAUCHEN

Neben dem Barrier Reef *(www.divingqueensland.com)*, gibt es fast

Unterwasserbegegnung mit Grüner Meeresschildkröte am Great Barrier Reef

überall interessante Tauchplätze. Zunehmend beliebter wird das Ningaloo Reef in Westaustralien. Schnuppertauchgänge sind eine gute Möglichkeit, um sich mit dieser Sportart vertraut zu machen, ein Kurs generell die günstigste Weise, in Australien zu tauchen. Ein fünftägiger Grundkurs am Great Barrier Reef kostet rund 900 A$, z. B. bei *Quicksilver (Tel. 07 40 87 21 00 | www.quicksilver-cruises.com)* in Port Douglas. Dreitägige Tauchtrips ins Reich des Weißen Hais können Sie bei *Rodney Fox (www.rodneyfox. com.au)* buchen (ab 2500 A$). Weitere Informationen gibt die *PADI (Professional Association of Diving Instructors) (www. padi.com)*.

WANDERN

Markierte Wanderwege und bewirtschaftete Hütten gibt es nur in Stadtnähe oder in Touristenzentren. Wer in den National-parks mehrtägige Wanderungen unternehmen will, muss Campingausrüstung, Essen, oft auch Wasser mitnehmen und mit Kompass und topografischer Karte umgehen können. Es ist wichtig, dass Sie sich vor dem *bushwalk* beim zuständigen Rangeroffice abmelden und eine Notiz über die geplante Strecke und das voraussichtliche Rückkehrdatum hinterlassen. Vielerorts kann man sich gegen eine geringe Gebühr ein GPS-System oder einen *emergency beacon* ausleihen, damit man im Notfall gefunden wird.

Bekannte *bushwalks* sind bei Sydney der *Royal National Park Coastal Walk*, in Queensland der *Fraser Island Walk*, auf Tasmanien der *Overland Track*. Wer zum ersten Mal in Australien wandert, sollte eine geführte Tour buchen *(www.worldexpeditions.com.au)*. Allgemeine Infos: *www.auswalk.com.au | www.bushwalkingaustralia.org | www. greatwalksofaustralia.com.au*

MIT KINDERN UNTERWEGS

Australien ist ein kinderfreundliches Land: Hotels, Museen, Freizeitparks, Busse, Bahnen und Fähren bieten teils stark ermäßigte Familientarife. Nützliche Tipps verrät *www.holidayswithkids.com.au*.

ADVENTUREWORLD (182 B5) (*ш B6*)
Geheimnisvolle Höhlen, ein Wunderschloss, die Skyrail-Gondel und jede Menge Planschbecken. *Okt.–April tgl. 10–17 Uhr | Erwachsene ab 55 A$, Kinder ab 44 A$ | 79 Progress Drive | Bibra Lake | 16 km südlich von Perth City | www. adventureworld.net.au*

BALMORAL BEACH (189 E6) (*ш J6*)
Wer in Sydney seine Kleinen nicht der ruppigen Ostküstenbrandung aussetzen will, ist am Balmoral Beach richtig. Die Bucht des hübschen Vororts liegt geschützt im Norden des Hafens. Während die Kinder Sandburgen bauen, können die Eltern im ⚜ *Bathers Pavilion (tgl. | Tel. 02 99 69 50 50 | www.batherspavilion.com. au | €€€)* den Lunch oder einen Kaffee mit Aussicht genießen.

COLLINGWOOD CHILDREN'S FARM
(191 D2) (*ш G7*)
Ein Bauernhof zum Anfassen: Ziegen und Schafe dürfen gestreichelt werden, Kinder können auf Ponys reiten, und um 10 und 16 Uhr werden die Kühe gemolken. *Tgl. 10–17 Uhr | 20 A$ pro Familie | 18 St Heliers Street | Abbotsford | im Nordosten Melbournes | www.farm.org.au*

HAIGH'S CHOCOLATES VISITORS CENTRE (187 D6) (*ш F6*)
Bei der Schokoladeherstellung zugucken, probieren – und ein paar Leckereien für unterwegs kaufen. *Mo–Fr 8–19, Sa 8–17, So 10–17 Uhr | Eintritt frei | 154 Greenhill Road | Adelaide | Parkside | www. haighschocolates.com*

MOVIEPARKS & CO (189 F1) (*ш J5*)
Spaß (fast) ohne Ende: Etwa 60 km südlich von Brisbane und 20 Fahrminuten nördlich von Surfers Paradise (Gold Coast) dreht sich alles ums Vergnügen: *Seaworld (www.seaworld.com.au)* mit Delphindressuren und Wasserakrobatik, der tolle Filmpark *Movieworld (www. movieworld.com.au)* und gleich nebenan das Wasserparadies *Wet 'n' Wild* sowie das eher für Erwachsene geeignete *Australian Outback Spectacular (www. outbackspectacular.com.au)*. *Dreamworld (www.dreamworld.com.au)* ist ein Erlebnispark u. a. mit Achterbahnen und einem Riesenrad. *Tgl. 10–17 Uhr | Erwach-*

Ein Kontinent für Kinder: Downunder lockt die Kleinen mit tollen Parks, interaktiven Ausstellungen, Dampflokfahrten und vielem mehr

sene ab 94 A$, Kinder ab 75 A$, 3 Park Super Pass 99 A$ | www.themeparks.com.au

PUFFING BILLY (191 D2) (*Ø G7*)
Zweistündige Rundfahrt mit der ältesten noch operierenden Dampflok Australiens. *Erwachsene ab 25 A$, Kinder ab 12 A$ | Old Monbulk Road | Belgrave Station | 40 km östlich von Melbourne | www.puffingbilly.com.au*

QUESTACON (181 D6) (*Ø H7*)
The National Science & Technology Centre in Canberra lockt mit mehr als 170 interaktiven Ausstellungen. *Tgl. 9–17 Uhr | Erwachsene 23 A$, Kinder 18 A$ | King Edward Terrace | www.questacon.edu.au*

INSIDER TIPP▶ SPECTACULAR JUMPING CROCODILE CRUISE (170 C2) (*Ø E1*)
Bei der Bootsfahrt auf dem Adelaide River erleben Sie, wie mächtige Salzwasserkrokodile grazil aus dem Wasser springen und nach dem fleischigen Köder schnappen, der über die Reling gehalten wird. *Tgl. 9, 11, 13, 15 Uhr | Familie 80 A$ | Arnhem Highway | auf dem Weg zum Kakadu National Park (Abzweig zum Aussichtspunkt „Window of the Wetlands") | www.jumpingcrocodile.com.au*

ZOOS IN ADELAIDE (187 D6) (*Ø F6*)
Kängurus, Emus, Koalas oder Emus kann man in Australien natürlich in freier Natur bewundern – aber Geduld und Glück gehören dazu. Ein Besuch im Zoo ist da manchmal eine (Not-)Lösung und umso spannender, wenn die Tiere in natürlicher Buschumgebung leben wie im *Cleland Wildlife Park (tgl. 9.30–17 Uhr | Erwachsene 20 A$, Kinder 13 A$ | 365 Mount Lofty Summit Road | ca. 20 Fahrmin. von Adelaide | Crafers | www.clelandwildlifepark.sa.gov.au)*. Schön ist auch der *Adelaide Zoo (tgl. 9.30–17 Uhr | Erwachsene 35 A$, Kinder 20 A$ | Frome Road | North Adelaide | www.adelaidezoo.com.au)* mit vielen Vogelarten und einem Nachttier- und Reptilienhaus.

EVENTS, FESTE & MEHR

Meist herrscht ja super Wetter. Weshalb ganzjährig getrost unter freiem Himmel gefeiert werden darf. Oft geht es dabei sportlich ambitioniert oder kulturell engagiert zu – Hauptsache, alle haben ihren Spaß.

FESTE

JANUAR

Beim dreiwöchigen **Sydney Festival** gibt es reichlich Ausstellungen, Theater, Tanz, Musik und Straßenkunst. *www.sydneyfestival.org.au*

FEBRUAR

Gay and Lesbian Mardi Gras in Sydney: Einen Monat lang präsentieren Schwule, Lesben und Gäste aus aller Welt ein Festival, das mit einer großen Parade und einer Riesenparty endet. *www.mardigras.org.au*

Das fast vierwöchige **Festival of Perth** ist das älteste Kulturfestival Australiens und berühmt für gutes und innovatives Theater. *www.perthfestival.com.au*

MÄRZ

Moomba Festival in Melbourne: großer Karnevalszug und viele kulturelle Veranstaltungen. *www.melbourne.vic.gov.au*

APRIL

Rip Curl Pro: Internationaler Surfwettbewerb am Bell's Beach in Victoria. *www.ripcurl.com.au*

JUNI

Bei der **INSIDER TIPP** ▶ **Outback Drovers Reunion** in der Stockman's Hall of Fame in Longreach können Sie Viehtreiber in Aktion erleben. Drei Tage lang dreht sich hier alles ums Schafe- oder Rinderhüten. *www.outbackheritage.com.au*

JULI

Das **Mowanjum-Fest** in Derby in der Kimberley-Region gibt Aboriginalkünstlern Gelegenheit, sich zu präsentieren. *www.derbytourism.com.au | www.outbacknow.com.au*

Am zweiten Samstag im Monat geht es beim Kamelrennen **Lion's Camel Cup** in Alice Springs hoch her – zahllose Kamele gehen an den Start. *www.camelcup.com.au*

AUGUST

Die **Henley on Todd Regatta** in Alice Springs im ausgetrockneten Todd River ist die wohl skurrilste Bootsregatta auf der Welt, und bei der gehen aus leeren Bierdosen zusammengesetzte „Boote"

Die meisten australischen Events finden unter freiem Himmel statt – Höhepunkt des Festkalenders ist der Melbourne Cup

an den Start. *www.henleyontodd. au | www.beercanregatta.org.au*.

Beim **INSIDERTIPP** *Isa Rodeo* in der Queenslander Minenstadt Mount Isa treffen sich Bullen, harte Männer und schöne Cowgirls. *www.isarodeo.com.au*

Das *Perlenfest* in der einstigen Perlenhochburg Broome ist eine der wichtigsten und farbenfrohsten Feiern in Australien. *www.shinjumatsuri.com.au*

Das *Festival of Darwin* bringt Künstler aller ethnischen Gruppen zusammen. *www.darwinfestival.org.au*

SEPTEMBER

AFL: Das Australian Football Grand Finale in Melbourne ist für viele Melburnians das wichtigste Ereignis des Jahres. *www.afl.com.au*

OKTOBER

Das multikulturelle *Melbourne Festival* (Kunstfestival) beginnt mit einem Umzug in der Brunswick Street. *www.melbournefestival.com.au*

NOVEMBER

Für das Pferderennen des ★ *Melbourne Cup*, das alljährlich am ersten Novemberdienstag stattfindet, steht der ganze Kontinent still. In Victoria ist der Tag sogar ein staatlicher Feiertag. *www.melbournecup.com*

FEIERTAGE

1. Januar	Neujahr
26. Januar	*Australia Day* (Nationalfeiertag)
25. März 2016, 14. April 2017	Karfreitag
28. März 2016, 17. April 2017	Ostermontag
25. April	*Anzac Day* (Nationalfeiertag)
2. Montag im Juni	*Queen's Birthday* (Geburtstag der englischen Königin)
25./26. Dez.	Weihnachten

LINKS, BLOGS, APPS & CO.

www.marcopolo.de/australien Alles auf einen Blick zu Ihrem Reiseziel: interaktive Karten inklusive Planungsfunktion, Impressionen aus der Community, aktuelle News und Angebote …

www.exploroz.com Ausgezeichnete Tipps für alle, die abseits asphaltierter Straßen unterwegs sein möchten und sehr gute Routenvorschläge wünschen

www.ga.gov.au Unverzichtbar für jeden, der sich mit australischer Geografie (Geoscience Australia) und Karten ausführlicher befassen möchte

www.aboriginalaustralia.com.au Auflistung von diversen Touren, die für einen ausgezeichneten Einblick in die Kultur der Aborigines sorgen

www.pandora.nla.gov.au Australiens Web-Archiv. Alles, was online von wirtschaftlicher, wissenschaftlicher oder kultureller Relevanz für das Land ist, wird hier als Kopie gespeichert

www.australianexplorer.com Umfangreiche und gut gegliederte Seite mit touristischen Details, Reise- und Unterkunftsangeboten in allen Bundesstaaten

www.walkaboutplanner.australia.com Die schönsten Autorouten des Kontinents, übersichtlich und doch detailliert beschrieben

www.agfg.com.au Der „Australian Good Food and Travel Guide" ist gut gegliedert und liefert sehr aktuelle Informationen, wenn es um die besten Restaurants und Cafés geht

www.wotflight.com Einen Überblick über Flüge, vor allem über Inlandsverbindungen, und preiswerte Tickets erhält man auf dieser Seite

www.reisebine.de Auf über einem Dutzend Australienreisen hat Sabine Hopf tolle Infos zusammengetragen – ergänzt durch viele aktuelle Erfahrungsberichte von Travellern

Egal, ob für Ihre Reisevorbereitung oder vor Ort: Diese Adressen bereichern Ihren Urlaub. Da manche sehr lang sind, führt Sie der short.travel-Code direkt auf die beschriebenen Websites. Falls bei der Eingabe der Codes eine Fehlermeldung erscheint, könnte das an Ihren Einstellungen zum anonymen Surfen liegen

www.australien-blogger.de Vor allem für Studenten und Schüler gestaltetes, sehr informatives Online-Magazin

www.tripbod.com Hier lernt man jene *locals* kennen, die die Besucher an die Hand nehmen und als „lebende Reiseführer" fungieren, allerdings gegen einen kleinen Obolus („Australia" in die Suche eingeben). Noch aber ist das Angebot gering

short.travel/aus29 Hier können Sie ausführliche Beschreibungen von Touren über den Roten Kontinent lesen und über 3400 Bilder betrachten

www.australien-info.de Die umfassendste und aktuellste Anlaufadresse für alle, die sich vor, während und nach einer Aussie-Tour informieren wollen. Am besten gleich den sehr guten und aktuellen kostenlosen Newsletter abonnieren!

www.sbs.com.au/german Zahlreiche interessante Podcasts sowie Nachrichten in deutscher Sprache liefert das deutsche Programm des australischen Multikulti-Senders SBS

www.youtube.com/australiasoutback Diverse Videos, eingestellt von Tourism Northern Territory. Wer bei Youtube „Australia" in die Suchfunktion eingibt, erhält eine Vielzahl von landesweiten Angeboten

short.travel/aus33 In einem knapp vierminütigen Video fast ein junger Berliner Eindrücke und Erlebnisse zusammen, die er bei seiner einjährigen Reise durch Australien sammelte, und macht Lust auf einen Besuch in Downunder

PODCASTS & VIDEOS

Experience WA Über die kostenlose App für iPhone, iPad und Android-Smartphones und -Tablets lassen sich über 7000 touristisch relevante Punkte des Bundesstaats Western Australia abrufen – auch in deutscher Sprache

The Australian Android App News, Analysen und Kommentare zu Politik, Medien, Gesundheitswesen und allem, was die Gesellschaft gerade bewegt. Für iPhone-Nutzer präsentiert www.australien-info.de/iPhone_apps.html eine wertvolle Übersicht

APPS

PRAKTISCHE HINWEISE

ANREISE

Gut 19 Stunden beträgt die reine Flugzeit von Mitteleuropa an die Ostküste Australiens. Erträglicher wird die lange Anreise, wenn Sie einen Stopover einlegen, z. B. in Singapur oder Hongkong (Flugzeit ab Frankfurt/M. ca. 11,5 Std., weiter bis Sydney 7,5 Std.). Die Kosten für ein Ticket in der Touristenklasse liegen je nach Saison zwischen 1000 und 1200 Euro. Cathay Pacific bietet zudem eine bequeme und preislich attraktive Premium-Economy-Class an. Vergleichen Sie besonders die Kosten für Steuern und Gebühren. Einige Fluggesellschaften, z. B. Qantas *(www.qantas.com.au)* und Cathay Pacific *(www.cathaypacific. com/de)*, bieten zum internationalen Ticket preiswerte oder gar kostenlose Flüge auf australischen Inlandsstrecken an.

AUSKUNFT

TOURISM AUSTRALIA
Neue Mainzer Str. 22 | 60311 Frankfurt/Main | Tel. 069 27 40 06 22 | www. australia.com

AUTO

In Australien herrscht Linksverkehr. Trotzdem gilt das Prinzip des Rechtsvortritts. Wer in einem Kreisel fährt, hat Vorfahrt. Generell herrscht innerorts eine Geschwindigkeitsbeschränkung von 50 oder 60 km/h. Außerorts sind es 80 km/h, auf Autobahnen 110 km/h (Northern Territory 130 km/h). Nur in der Nähe der australischen Großstädte gibt es echte Autobahnen. Bei vielen Highways handelt es sich um einspurige Landstraßen mit vereinzelten Überholstreifen.

BAHNEN & BUSSE

Australien lässt sich wunderbar per Bahn oder Bus entdecken. Gut beraten sind Sie, Buspässe für Trips mit Überlandbussen schon hierzulande zu reservieren. Die Pässe ermöglichen entweder auf einer vorbestimmten Route eine unbegrenzte Zahl von Stopps, sind blockweise nach Kilometern gestaffelt oder reduzieren die Normalpreise generell um 50 Prozent. *Greyhound (Tel. 1300 47 39 46 | www.greyhound.com.au)* dominiert den Markt. Auch Bahntrips sollten Sie wegen geringer Sitzplatzkapazität unbedingt noch vor der Abreise klarmachen *(www.railaustralia.com.au)*. Unter *www.*

GRÜN & FAIR REISEN

Auf Reisen können auch Sie viel bewirken. Behalten Sie nicht nur die CO_2-Bilanz für Hin- und Rückreise im Hinterkopf *(www.atmosfair.de; de.myclimate.org)* – etwa indem Sie Ihre Route umweltgerecht planen *(www.routerank.com)* – , sondern achten Sie auch Natur und Kultur im Reiseland *(www.gate-tourismus. de; www.ecotrans.de)*. Gerade als Tourist ist es wichtig, auf Aspekte wie Naturschutz *(www.nabu.de; www. wwf.de)*, regionale Produkte, wenig Autofahren, Wassersparen und vieles mehr zu achten. Wenn Sie mehr über ökologischen Tourismus erfahren wollen: europaweit *www.oete.de*; weltweit *www.germanwatch.org*

Von Anreise bis Zoll

Urlaub von Anfang bis Ende: die wichtigsten Adressen und Informationen für Ihre Australienreise

buspass.de finden Sie gute Angebote, weitere Informationen zum Austrail Flexipass (muss im Heimatland gekauft werden) gibt *www.explorer-fernreisen.com*. Eine Übersicht über viele Verkehrsverbindungen bietet *www.buslines.com.au*.

BANKEN & GELD

In den Banken der Großstädte oder Touristenzentren (Öffnungszeiten im Allgemeinen Mo–Fr 9–16 Uhr) kann man ohne größere Probleme Geld wechseln, Geld mit Kredit- bzw. Maestrokarten aus Automaten ziehen oder Travellerschecks einlösen. Kreditkarten (vor allem Visa und Mastercard) werden sehr verbreitet akzeptiert. Im Outback spielt Barzahlung aber noch eine große Rolle, nehmen Sie genügend Reserven mit.

DIPLOMATISCHE VERTRETUNGEN

DEUTSCHE BOTSCHAFT
119 Empire Circuit | Yarralumla | Canberra | Tel. 02 62 70 19 11 | www.australia. diplo.de

ÖSTERREICHISCHE BOTSCHAFT
12 Talbot Street | Forrest | Canberra | Tel. 02 62 95 15 33 | www.austria.org.au

SCHWEIZER BOTSCHAFT
7 Melbourne Av. | Forrest | Canberra | Tel. 02 61 62 84 00 | www.eda.admin.ch/ australia

EINREISE

Zur Einreise in Australien ist ein Touristenvisum nötig, das in der Regel beim Erwerb des Flugscheins ausgestellt oder beantragt werden kann (eVisitor-Visum). Es berechtigt zu einem Aufenthalt von drei Monaten. Die Aufnahme einer bezahlten Tätigkeit ist strikt untersagt und wird mit schweren Strafen geahndet. Mit speziellen Work-and-Travel-Visa können sich junge Leute zwischen 18 und 30 bis zu zwei Jahre in Australien aufhalten und befristete Jobs annehmen *(www.immi.gov.au)*. Auskunft: *Australian Embassy (Wallstr. 76–79 | 10179 Berlin | Tel. 030 8 80 08 80 | www.germany. embassy.gov.au)*

Hilfreich ist auch die Website „Guide to Australia" der Charles Sturt University: *www.csu.edu.au/australia*.

GESUNDHEIT

Die meisten australischen Krankenhäuser und Arztpraxen erkennen die deutschen Krankenversicherungen nicht an. Sie müssen in der Regel sofort bezahlen und die Rechnung später zu Hause bei Ihrer Versicherung einreichen. Der Abschluss einer Auslandskrankenversicherung vor Abreise ist deshalb empfehlenswert. Die meisten australischen Krankenhäuser bieten einen Dolmetscherservice für ausländische Kranke oder Unfallopfer.

INLANDSFLÜGE

Wenn Inlandsflüge nicht bereits im internationalen Ticket integriert sind, können sie umkompliziert im Internet gebucht und per Kreditkarte bezahlt werden. Man erhält ein sogenanntes E-Ticket und muss beim Check-in nur noch seinen Ausweis vorzeigen. Die Konkurrenz der Billigflieger *Jetstar (www.jetstar.com)*, *Virgin*

Australia (www.virginaustralia.com) und *Tiger Airways (www.tigerairways.com)* ist groß. Die Preise für Inlandsstrecken schwanken stark, je früher Sie buchen, desto besser. Im Südosten fliegt *Regional Express (www.rex.com.au)* auch in abgelegene Regionen.

WÄHRUNGSRECHNER

€	AUD	AUD	€
1	1,43	1	0,69
3	4,30	3	2,08
5	7,18	5	3,48
7	10,05	7	4,87
12	17,23	12	8,35
20	28,72	20	13,92
60	86,18	60	41,76
250	359,10	250	174,00
800	1149,10	800	556,80

INTERNETCAFÉS & WLAN

Australien ist vor allem in den Städten stark vernetzt. Fast an jeder Straßenecke haben sich dort Internetcafés angesiedelt *(short.travel/aus30)*. Oft verfügt auch die örtliche *library* (Bücherei) über einen preiswerten Internetanschluss. Kostenlose WLAN-Standorte sind häufig nur in größeren Städten, aber auch auf vielen Campingplätzen zu finden. Eine Liste von Hotspots gibt es unter *short.travel/aus31*.

KLIMA & REISEZEIT

Den Südosten (New South Wales, Tasmania, Victoria und South Australia) sowie Western Australia unterhalb des südlichen Wendekreises *(Tropic of Capricorn)* bereist man am besten zwischen Oktober und April, Queensland, Northern Territory und den Norden von Western Australia zwischen April und November. In der übrigen Zeit ist es im Süden eher kühl, im Norden dagegen (oberhalb des Wendekreises) schwülwarm, und es kann zu teils heftigen Regenfällen kommen. Während der Sommerferien im Dezember und Januar sind vor allem die Campingplätze in Küstennähe meist ausgebucht. Über die aktuellen Wetteraussichten informiert *www.bom.gov.au*.

MIETWAGEN

Mietwagen sind in Australien verhältnismäßig preiswert, ebenfalls Diesel und Benzin (1,40–1,60 A$/l). Ob ein Allradfahrzeug *(4wd)* benötigt wird, hängt von der Reiseroute ab. Vergewissern Sie sich, ob der Vermieter Fahrten auf unbefestigten Straßen *(gravel roads)* erlaubt und schließen Sie unbedingt eine Versicherung ohne Selbstbeteiligung ab! Achten Sie auf Zuschläge wie *One-way-* oder Kreditkartengebühren. Sie benötigen einen Internationalen Führerschein. Die besten Angebote für Wohnmobile erhalten Sie bei Spezialveranstaltern in Deutschland. Die größten Vermieter sind *www. maui.com.au, www.apollocamper.com* und *www.keacampers.com*.

NOTRUF

Notruf (Tel. 0 00), Anrufer müssen angeben, ob sie die Polizei, die Feuerwehr oder die Ambulanz benötigen.

ÖFFNUNGSZEITEN

In den Großstädten sind Restaurants, Pubs, Lebensmittelgeschäfte und Informationsbüros im Allgemeinen täglich geöffnet. Auf dem Land sind am Wochenende oft sowohl Läden als auch Restaurants geschlossen. Und im Outback schließen Tankstellen, Motels und kleine Restaurants oft schon gegen 18 Uhr.

POST

Selbst der kleinste Ort verfügt über eine Poststelle. Eine Postkarte oder ein Brief nach Mitteleuropa kostet 2,75 A$ und ist ca. sechs Tage unterwegs. Weitere Infos unter *www.auspost.com.au*.

PREISE & WÄHRUNG

Währungseinheit ist der Australische Dollar (A$). Es gibt Banknoten zu 10, 20, 50 und 100 A$, Münzen zu 1 und 2 A$, 5, 10, 20 und 50 Cent. Die Preise für viele Waren und Dienstleistungen sind mit denen in Deutschland vergleichbar. Lebensmittel sind etwas teurer.

STROM

Die Netzspannung beträgt 240 Volt Wechselstrom. Die meisten europäischen Geräte lassen sich unbeschadet betrieben, Sie benötigen jedoch einen kleinen Adapterstecker, der u. a. an Flughäfen, in Koffergeschäften oder beim *chemist* (Drogerie) erhältlich ist.

TABAK & ALKOHOL

Australien ist dabei, die bislang weltweit schärfsten Antirauchergesetze durchzusetzen. Seit 2015 darf auch in oder in der Nähe einer Außengastronomie nicht geraucht werden. Besonders harsch ist die Gesetzgebung in Queensland, wo selbst am Strand Rauchen verboten ist. Doch die anderen Bundesstaaten ziehen nach: Die Fußgängerzone in der Innenstadt von Perth ist bereits jetzt rauchfrei. Bei Zuwiderhandlung drohen 100 A$ Geldstrafe. Alkoholkonsum ist erst ab 18 Jahren erlaubt, gegebenenfalls wird beim Kauf der Ausweis verlangt. Viele Städte weisen sogenannte *dry zones* aus, Parks und Strandabschnitte, wo kein Alkohol ge-

BÜCHER & FILME

Jenseits von Babylon – Europäische Siedler im Norden Australiens begegnen der fremden Natur und den Ureinwohnern: ein Plädoyer für Toleranz und Verständnis zwischen den Kulturen von David Malouf

Australien – Die Besiedlung des fünften Kontinents – „The Fatal Shore": eindrucksvolle Geschichtsliteratur über die leidvollen ersten Jahrzehnte der Strafkolonien von Robert Hughes

Das Australien-Lesebuch – Alles, was Sie über Australien wissen müssen, so der Untertitel, trug Barbara Barkhausen zusammen. Lesenswert wie die anderen Australienbücher aus dem Berliner Mana Verlag (*www.mana-verlag.de*)

Die Liebe seines Lebens – „The Railway Man": Wahre Geschichte eines Mannes, der seine Peiniger sucht, die ihn während des Zweiten Weltkriegs in einem japanischen Arbeitslager folterten. Australisch-britische Gemeinschaftsproduktion von 2013 mit Colin Firth und Nicole Kidman

Australia – Regie: Baz Luhrmann. Ende 2008 kam Australiens bislang größte Filmproduktion in die Kinos, ein romantisches Outbackepos mit Nicole Kidman und Hugh Jackman in den Hauptrollen

trunken werden darf. Es ist strengstens verboten, Alkohol in Aboriginesgebiete zu bringen, auch wenn man darum gebeten wird.

TELEFON & HANDY

Die Vorwahlnummer für Australien ist 61, gefolgt von der regionalen Vorwahlnummer ohne 0, also 2 für Sydney (02). Die Vorwahlnummer von Australien für Deutschland ist 001 149, für die Schweiz 001 141 und für Österreich 001 143. Gebührenfreie Nummern beginnen mit 1800, sechsstellige Nummern, die mit 1300 anfangen, kosten überall den Ortstarif. In einigen Kabinen kann man nur noch mit Karten telefonieren, die in Zeitungsläden *(newsagency)* oder in Postämtern erhältlich sind.

Prepaidkarten für das Mobiltelefon können schon in Deutschland bestellt werden *(z. B. www.travelsims.com | ca. 9,90 Euro plus 50 Euro Startguthaben):* Man bekommt eine neue Nummer und empfängt Telefongespräche kostenlos. Gespräche nach Deutschland bzw. innerhalb Australiens kosten ca. 0,39 Euro/ Min. (SMS 0,35 Euro). Das beste Netz in Australien, auch zum Surfen, bietet *Telstra (www.telstra.com.au),* auch für Datenübertragung mit dem eigenen USB-Stick oder Tablet, z. B. mit dem *Telstra Pre-Paid Mobile Wi-Fi* (50 A$ für ein Kontingent von 4 Gigabyte für einen Zeitraum von 60 Tagen). Im Outback ist die Verwendung von Satellitentelefonen eine Option, diese bekommen Sie auch zur Miete und mit Prepaidguthaben *(z. B. www.trtelecom.com).*

UNTERKUNFT/CAMPING

Stadthotels sind meist teuer (140–280 A$, drei bis vier Sterne), Apartments oft die bessere Alternative. Sie sind größer, besser ausgestattet und etwas preiswerter. Auch die Zahl der Ferienhäuser ist groß *(Info: www.stayz.com.au).* Außerhalb der Städte bieten sich zahlreiche Motels (90–150 A$) an. Campingplätze *(www.goseeaustralia.com.au | www.campsaustraliawide.com, auch mit kostenlosen Stellplätzen)* offerieren ebenfalls *cabins* und Motelzimmer (50–120 A$). B & B ist populär *(www. australianbedandbreakfast.com.au),* ebenso Aufenthalte auf *stations,* wie die Farmen in Australien genannt werden *(www.australianfarmstays.com.au | www.australianfarmtourism.com.au | www.farmstaycampingaustralia.com. au).* Kurzfristig gute Übernachtungsangebote erhält man unter *www.wotif. com.au* und *www.ratestogo.com.au.* Zahlreiche Jugendherbergen und *backpacker hostels* runden das Angebot ab und vermieten auch preiswerte Doppelzimmer. Zimmer oder auch Häuser von Privatleuten vermitteln *www.airbnb. com, www.homestayweb.com* und *www. couchsurfing.org.*

Websites von Campingorganisationen in Australien (auch Tipps für Campingplät-

WAS KOSTET WIE VIEL?

Kaffee	**2,80 Euro**	*für einen Cappuccino*
Bier	**5,60 Euro**	*für ein Pint im Pub*
Fastfood	**6,30 Euro**	*für ein Meal mit Softdrink*
Benzin	**1,10 Euro**	*für einen Liter Normal*
Kino	**12,60 Euro**	*für ein Ticket*
Surfbrett	**14 Euro**	*Leihgebühr für 2 Std.*

ze): NSW: *www.caravan-camping.com.au*; WA: *www.caravanwa.com.au*; QLD: *www.caravanqld.com.au*; SA: *www.sa-parks.com.au*; VIC: *www.vicparks.com.au*; NT: *www.ntcaravanpark.com.au*

ZEIT

In Australien gibt es drei Zeitzonen: In Western Australia die Western Standard Time (MEZ +7 Std.), im Northern Territory und in South Australia die Central Standard Time (MEZ +8,5 Std.), in den übrigen Staaten die Eastern Standard Time (MEZ +9 Std.). In den meisten Bundesstaaten (außer Queensland, Northern Territory und Western Australia) gilt zwischen dem ersten Sonntag im Oktober und dem ersten Sonntag im April die Sommerzeit.

ZOLL

Die Einfuhr von Obst, Gemüse oder Fleisch nach Australien ist wegen der Seuchengefahr verboten. Zollfrei einführen dürfen Sie pro Person 50 Zigaretten oder 50 g Tabak und 2,25 l Alkohol, persönliche Gegenstände sowie Geschenke bis zu einem Wert von 900 A$. Bei Einkäufen über 300 A$ in einem Geschäft erhalten Sie am Flughafen 10 Prozent Mehrwertsteuer erstattet; neben der Rechnung müssen Sie allerdings die Waren beim Zoll vorzeigen (*www.customs.gov.au*). Bei Wiedereinreise in die EU sind pro Person 200 Zigaretten oder 50 Zigarren oder 250 g Tabak, 1 l Spirituosen oder 4 l Wein, 250 g Kaffee sowie andere Waren im Wert von bis zu 430 Euro zollfrei.

WETTER IN SYDNEY

	Jan.	Feb.	März	April	Mai	Juni	Juli	Aug.	Sept.	Okt.	Nov.	Dez.
Tagestemperaturen in °C	26	26	24	22	19	16	16	17	19	22	23	25
Nachttemperaturen in °C	18	18	17	14	11	9	8	9	11	13	16	17
Sonnenschein Stunden/Tag	7	7	6	6	5	4	5	6	6	7	7	7
Niederschlag Tage/Monat	7	8	8	7	5	9	5	7	7	9	8	8
Wassertemperaturen in °C	23	24	23	20	18	18	16	17	18	19	19	21

SPRACHFÜHRER ENGLISCH

AUSSPRACHE

Zur Erleichterung der Aussprache sind alle englischen Wörter mit einer einfachen Aussprache (in eckigen Klammern) versehen. Folgende Zeichen sind Sonderzeichen:

θ   hartes [s] (gesprochen mit Zungenspitze an der oberen Zahnreihe, zischend)
D   weiches [s] (gesprochen mit Zungenspitze an der oberen Zahnreihe, summend)
'   nachfolgende Silbe wird betont
ə   angedeutetes [e] (wie in „Bitte")

AUF EINEN BLICK

ja/nein/vielleicht	yes [jäs]/no [nəu]/maybe [mäibi]
bitte/danke	please [plihs]/thank you [θänkju]
Entschuldige!	Sorry! [Sori]
Entschuldigen Sie!	Excuse me! [Iks'kjuhs mi]
Darf ich ...?	May I ...? [mäi ai ...?]
Wie bitte?	Pardon? ['pahdn?]
Ich möchte .../Haben Sie ...?	I would like to ...[ai wudd 'laik tə ...]/ Have you got ...? ['Həw ju got ...?]
Wie viel kostet ...?	How much is ...? ['hau matsch is ...]
Das gefällt mir (nicht).	I (don't) like this. [Ai (dəunt) laik Dis]
gut/schlecht	good [gud]/bad [bäd]
offen/geschlossen	open ['oupän]/closed ['klousd]
kaputt/funktioniert nicht	broken ['brəukən]/doesn't work ['dasənd wörk]
Hilfe!/Achtung!/Vorsicht!	Help! [hälp]/Attention! [ə'tänschən]/Caution! ['koschən]

BEGRÜSSUNG & ABSCHIED

Guten Morgen!/Tag!	Good morning! [gud 'mohning]/ afternoon! [aftə'nuhn]
Gute(n) Abend!/Nacht!	Good evening! [gud 'ihwning]/night! [nait]
Hallo!/Auf Wiedersehen!	Hello! [hə'ləu]/Goodbye! [gud'bai]
Tschüss!	Bye! [bai]
Ich heiße ...	My name is ... [mai näim is ...]
Wie heißen Sie/heißt du?	What's your name? [wots jur näim?]
Ich komme aus ...	I'm from ... [Aim from ...]

Do you speak English?

„Sprichst du Englisch?" Dieser Sprachführer hilft Ihnen,
die wichtigsten Wörter und Sätze auf Englisch zu sagen

DATUMS- & ZEITANGABEN

Montag/Dienstag	monday ['mandäi]/tuesday ['tjuhsdäi]
Mittwoch/Donnerstag	wednesday ['wänsdäi]/thursday ['θöhsdäi]
Freitag/Samstag	friday ['fraidäi]/saturday ['sätərdäi]
Sonntag/Werktag	sunday ['sandäi]/weekday ['wihkdäi]
Feiertag	holiday ['holidäi]
heute/morgen/gestern	today [tə'däi]/tomorrow [tə'morəu]/yesterday ['jästədäi]
Stunde/Minute	hour ['auər]/minutes ['minəts]
Tag/Nacht/Woche	day [däi]/night [nait]/week [wihk]
Monat/Jahr	month [manθ]/year [jiər]
Wie viel Uhr ist es?	What time is it? [wot 'taim is it?]
Es ist drei Uhr.	It's three o'clock. [its θrih əklok]

UNTERWEGS

links/rechts	left [läft]/right [rait]
geradeaus/zurück	straight ahead [streit ə'hät]/back [bäk]
nah/weit	near [niə]/far [fahr]
Eingang/Einfahrt	entrance ['äntrənts]/driveway ['draifwäi]
Ausgang/Ausfahrt	exit [ägsit]/exit [ägsit]
Abfahrt/Abflug/Ankunft	departure [dih'pahtschə]/departure [dih'pahtschə]/arrival [ə'raiwəl]
Darf ich Sie fotografieren?	May I take a picture of you? [mäi ai täik ə 'piktscha of ju?]
Wo ist ...?/Wo sind ...?	Where is ...? ['weə is...?]/Where are ...? ['weə ahr ...?]
Toiletten/Damen/Herren	toilets ['toilət] (auch: restrooms [restruhms])/ladies ['läidihs]/gentlemen ['dschäntlmən]
Bus/Straßenbahn	bus [bas]/tram [träm]
U-Bahn/Taxi	underground ['andəgraunt]/taxi ['tägsi]
Parkplatz/Parkhaus	parking place ['pahking pläis]/car park ['kahr pahk]
Stadtplan/(Land-)Karte	street map [striht mäp]/map [mäp]
Bahnhof/Hafen	(train) station [(träin) stäischən]/harbour [hahbə]
Flughafen	airport ['eəpohrt]
Fahrplan/Fahrschein	schedule ['skädjuhl]/ticket ['tikət]
Zug/Gleis	train [träin]/track [träk]
einfach/hin und zurück	single ['singəl]/return [ri'törn]
Ich möchte ... mieten.	I would like to rent ... [Ai wud laik tə ränt ...]
ein Auto/ein Fahrrad	a car [ə kahr]/a bicycle [ə 'baisikl]
Tankstelle	petrol station ['pätrol stäischən]
Benzin/Diesel	petrol ['pätrəl]/diesel ['dihsəl]
Panne/Werkstatt	breakdown [bräikdaun]/garage ['gärasch]

ESSEN & TRINKEN

Reservieren Sie uns bitte für heute Abend einen Tisch für vier Personen.	Could you please book a table for tonight for four? [kudd juh 'plihs buck ə 'täibəl for tunait for fohr?]
Die Speisekarte, bitte.	The menue, please. [Də 'mänjuh plihs]
Könnte ich bitte ... haben?	May I have ...? [mäi ai häw ...?]
Messer/Gabel/Löffel	knife [naif]/fork [fohrk]/spoon [spuhn]
Salz/Pfeffer/Zucker	salt [sohlt]/pepper ['päppə]/sugar ['schuggə]
Essig/Öl	vinegar ['viniga]/oil [oil]
Milch/Sahne/Zitrone	milk [milk]/cream [krihm]/lemon ['lämən]
mit/ohne Eis/Kohlensäure	with [wiD]/without ice [wiD'aut ais]/gas [gäs]
Vegetarier(in)/Allergie	vegetarian [wätschə'tärian]/allergy ['älledschi]
Ich möchte zahlen, bitte.	May I have the bill, please? [mäi ai häw De bill plihs]
Rechnung/Quittung	invoice ['inwois]/receipt [ri'ssiht]

EINKAUFEN

Wo finde ich ...?	Where can I find ...? [weə kän ai faind ...?]
Ich möchte .../Ich suche ...	I would like to ... [ai wudd laik tu]/I'm looking for ... [aim luckin foə]
Brennen Sie Fotos auf CD?	Do you burn photos on CD? [Du ju börn 'fəutəus on cidi?]
Apotheke/Drogerie	pharmacy ['farməssi]/chemist ['kemist]
Bäckerei/Markt	bakery ['bäikəri]/market ['mahkit]
Lebensmittelgeschäft	grocery ['grəuscheri]
Supermarkt	supermarket ['sjupəmahkət]
100 Gramm/1 Kilo	100 gram [won 'handrəd gräm]/1 kilo [won kiləu]
teuer/billig/Preis	expensive [iks'pänsif]/cheap [tschihp]/price [prais]
mehr/weniger	more [mor]/less [läss]
aus biologischem Anbau	organic [or'gännik]

ÜBERNACHTEN

Ich habe ein Zimmer reserviert.	I have booked a room. [ai häw buckt ə ruhm]
Haben Sie noch ...?	Do you have any ... left? [du ju häf änni ... läft?]
Einzelzimmer	single room ['singəl ruhm]
Doppelzimmer	double room ['dabbəl ruhm] (Bei zwei Einzelbetten: twin room ['twinn ruhm])
Frühstück/Halbpension	breakfast ['bräckfəst]/half-board ['hahf boəd]
Vollpension	full-board [full boəd]
Dusche/Bad	shower ['schauər]/bath [bahθ]
Balkon/Terrasse	balcony ['bälkəni]/terrace ['tärräs]
Schlüssel/Zimmerkarte	key [ki]/room card ['ruhm kahd]
Gepäck/Koffer/Tasche	luggage ['laggətsch]/suitcase ['sjutkäis]/bag [bäg]

BANKEN & GELD

Bank/Geldautomat	bank [bänk]/ATM [äi ti äm]/cash machine ['käschməschin]
Geheimzahl	pin [pin]
Ich möchte ... Euro wechseln.	I'd like to change ... Euro. [aid laik tu tschäindsch ... iuhro]
bar/ec-Karte/Kreditkarte	cash [käsch]/ATM card [äi ti äm kahrd]/credit card [krädit kahrd]
Banknote/Münze	note [nout]/coin [koin]
Wechselgeld	change [tschäindsch]

TELEKOMMUNIKATION & MEDIEN

Ich suche eine Prepaid-karte.	I'm looking for a prepaid card. [aim 'lucking fohr ə 'pripäid kahd]
Wo finde ich einen Internetzugang?	Where can I find internet access? [wär känn ai faind 'internet 'äkzäss?]
Brauche ich eine spezielle Vorwahl?	Do I need a special area code? [du ai nihd ə 'späschəl 'äria koud?]
Computer/Batterie/Akku	computer [komp'jutə]/battery ['bättəri]/recharge-able battery [ri'tschahdschəbəl 'bättəri]
At-Zeichen („Klammeraffe")	at symbol [ät 'simbəl]
Internetanschluss/WLAN	internet connection ['internet kə'näktschən]/Wifi [waifai] (auch: Wireless LAN ['waərläss lan])
E-Mail/Datei/ausdrucken	email ['imäil]/file [fail]/print [print]

ZAHLEN

0	zero ['sirou]	18	eighteen [äi'tihn]
1	one [wan]	19	nineteen [nain'tihn]
2	two [tuh]	20	twenty ['twänti]
3	three [θri]	21	twenty-one ['twänti 'wan]
4	four [fohr]	30	thirty [θör'ti]
5	five [faiw]	40	fourty [fohr'ti]
6	six [siks]	50	fifty [fif'ti]
7	seven ['säwən]	60	sixty [siks'ti]
8	eight [äit]	70	seventy ['säwənti]
9	nine [nain]	80	eighty ['äiti]
10	ten [tän]	90	ninety ['nainti]
11	eleven [i'läwn]	100	(one) hundred [('wan) 'handrəd]
12	twelve [twälw]	200	two hundred ['tuh 'handrəd]
13	thirteen [θör'tihn]	1000	(one) thousand [('wan) θausənd]
14	fourteen [fohr'tihn]	2000	two thousand ['tuh θausənd]
15	fifteen [fif'tihn]	10000	ten thousand ['tän θausənd]
16	sixteen [siks'tihn]	1/2	a/one half [ə/wan 'hahf]
17	seventeen ['säwəntihn]	1/4	a/one quarter [ə/wan 'kwohtə]

REISEATLAS

■■■ **Verlauf der Erlebnistour „Perfekt im Überblick"**
■■■ **Verlauf der Erlebnistouren**

**Der Gesamtverlauf aller Touren ist auch in
der herausnehmbaren Faltkarte eingetragen**

Bild: Yellow Water Wetlands im Kakadu National Park

Unterwegs in Australien

Die Seiteneinteilung für den Reiseatlas finden Sie auf
dem hinteren Umschlag dieses Reiseführers

1

100 km
62 mi

North Australia Basin

I N D I A N

Seringapatam Reef

2

O C E A N

Scott Reef

3

Lynher Reef

C. Lev
Lombadin
Pender Bay
Emeriau Pt
Lacepede Is. *Beagle Bay*
Beagle
C. Baskerville Abe
Carnot Bay
Coulomb Pt.
Point Coulomb
Nature Reserve

4

Rowley Shoals
Mermaid Reef
Bedwell *Clerke Reef*
Rowley Shoals
Marine Park
Imperieuse Reef

Dam
L a n d
Kilto

Broome
Gantheaume Pt. Roebuck
Roadhouse
Roebuck Bay
Thangoo

Cable Beach

C. Latouche Treville

Rowley Shelf

La Grange Bay
C. Bossut La Grange

Nita Downs

5

Anna Plains

Eighty Mile Beach
546
561

Wallal Downs Mandora
Sandfire Flat
Roadhouse

G r e a t

Poissonnier
Point C. Keraudren
Larrey Pt. Pardoo
Spit Pt. Roadhouse *Great Northern Hwy*

A u s

C. Thouin
Mundabul- Port Hedland Goldsworthy
langana Shay Gap
Strelley Mount Caliawa
Goldsworthy
Muccan Yarrie
6 Wallareenya Carlindi Eginbah Warrawagine
Laila Rookh
Mallina Gillam. Marble Bar
Mount **175** **168**
Edgar

D   E   F

1

McCluer I.
roker I.
nijilang
Mount...
Murgenella
Warruwi North Goulburn I.
South Goulburn I.
Hall Pt.
Junction Bay
Hawkesbury Pt.
Maningrida
Milingimbi
Ramingining
Nangalala
Nabarlek
Mt. Howship 183
Oenpelli
Ubirr
marlarry
Jabiru
dalua Ranger Uranium Mine
nda Nourlangie Rock
Mt. Gilruth 558
anga
kadu
al Park
ine East Alligator Riv.
Mt. Evelyn 366
mbl
318
Sleisbeck Mine
Katherine Riv.
Eva Valley
Bamyili Beswick
Beswick Aboriginal Land
Matamaka Elsey Nat.
Hot Springs
20
Elsey
Elsey Cemetery
Mangarrayi Aboriginal Land Trust
Gorrie 1 (Hist. Railway Station)
r. Land Larrimah
Birdum
27
Maryfield
Daly Waters
den Valley Roadhouse
Dunmarra Roadhouse
80
87
Sir Charles Todd Monument 128
Beetaloo
Newcastle Waters 652 Elliott
L. Woods
Ucharonidge Mungabroom
North Renner Springs
Helen Springs
t Muckaty h
Banka Banka
Phillip Creek Station 212
Phillip Creek
r John Flynn Memorial
i Warrego Mines
Three Ways Roadhouse
Tennant Creek (327) 436
Peko Mine
Nobbles Nob Mine

N.W. Crocodile I.
Drysdale I.
Elcho I.
Galiwinku
Napier Pen.
Howard I.
Nangalala
Gapuwiyak
Mirrngadja Village
A r n h e m
Mt. Parsons 301
Arnhem Aboriginal Land
L Parsons Range
d
Mt. Evelyn
Thea Fox Cr.
Mainoru
Mountain Valley
Whitre Riv.
Numbulwar
Rose Riv.
Roper Bar Ngukurr
Moroak Roper Valley 193
St. Vidgeon
Hodgson Riv.
Miniyeri Hedgson Downs Lease
Limmen
Hodgson River
Alawangandji Aboriginal Land
Cox River
Nutwood Downs
Arnold Riv.
Bauhinia Downs
Tanumbirini
271
Carpentaria Hwy.
O.T. Downs
Cape Crawford
B a r k l y T a b l e l a n d
Top Springs (Aband.)
Mallapunyah
Wampaya Aboriginal Land
156
11
Shadon Downs
Wallhallow
Anthony Lagoon
Creswell Downs
224
Eva Downs
Brunette Downs
Brunchilly
e
Rockhampton Downs
Stuart Memorial
226
Warumungu Abor. L.
188
66
Frewena
Barkly Homestead Roadhouse
Alroy Downs y

C. Wessel
Marchinbar I.
Wessel Is.
Mining Area (Bauxite)
Guluwuru I.
Raragala I.
Truant I.
Cunningham Is.
Bromby Is.
The Gunn Company's Is.
C. Wilberforce
Bremer I.
Melville B.
Yirrkala
Nhulunbuy (Gove)
Gove Pen.
C. Arnhem
Camburinga
Pt. Alexander
Caledon Bay
C. Grey

2

C. Shield
Isle Woodah
Blue Mud Bay
Bickerton I.
Umbakumba
Groote Eylandt
Alyangula
Angurugu Abor. Land
Rantyirrity Pt.
Tasman Pt.
Edward I.
Cape Beatrice

3

Warrawkunta Pt.
Limmen Bight Prawn Fishing Base
Maria I.
Marra Aboriginal Land
31
Wada Wadalla Lease
Sir Edward Pellew Group
North I.
Nathan River West I.
Rosie Creek Garranja Nat. P.
Centre I.
Black Rocks Port McArthur
Bing Bong Landing Vanderlin I.
Narwinbi Abor. Land Manangoora
Tawallah
Borroola
106
1
Seven Emu
Gerawa Abor. Land
Robinson River
Calvert Hills

4

Kiana
Wollogorang

5

WRaadn Riv.
Waanyi-Garawa Aboriginal Land
Mithebah
Connells Lagoon Conservation Res.
Alexandria

6

Ranken Store

178

1

100 km

62 mi

2

69

67

Port

Duifken Point

Albatross Bay

Thud Point

Archer Bay

3

G u l f   o f   C a r p e n t a r i a

C. Keer-weer

Edward River

Kowanyar

Sir Edward Pellew Group

4

Vanderlin I.

+9h30 Gr. Time   +10h Gr. Time

Inkerman

Seven Emu

Garawa Abor. Land

Pungalina

Mornington I.

(Mornington Is. Aboriginal Land)

C. Van Diemen *(Big-Game Fishing)*

Gununa

Denham I.

Bountiful Is.

Galbr

Macaro

Robinson River

Wellesley Islands

Forsyth I.

Bentinck I.

Point Austin

Delta Downs

5

Sweers I.

(Sweers I. Abor. Land)

Allen I.

South Wellesley Is.

Karumba

Calvert Hills

Wollogorang

Westmoreland

Maggieville

457

Hells Gate Roadhouse

Normanton (10)

Seigals Creek

Doomadgee Aboriginal Land

Escott

Burketown

Mangowra

Glenore

East Haydon

Fish River

Doomadgee

Armraynald

Wernadinga

Inverleigh

83

Waanyi-Garawa Aboriginal Land

Brinawa

Flora-ville

Macalister

Miigarra

Warren Vale

Old

Belmore C.

Spring Vale

Highland Plains

Planet Downs

Augustus Downs

Talawanta

194

6

Lawn Hill

Gregory Downs

Bondjamulla Nat. P.

Mithebah

Silver Star Mine

Cowan Downs

Iffley

Myola

Gallipoli

Riversleigh

Lorraine

218

Burke and Wills Roadhouse

Kamileroi

Herbert Vale

Old Herbert Vale

179

172

375

Calvert Riv

Nicholson Riv.

Gregory Riv

Albert River

Leichhardt Riv

Gilbert Riv

Staaten Riv

Byno Road

Fossils

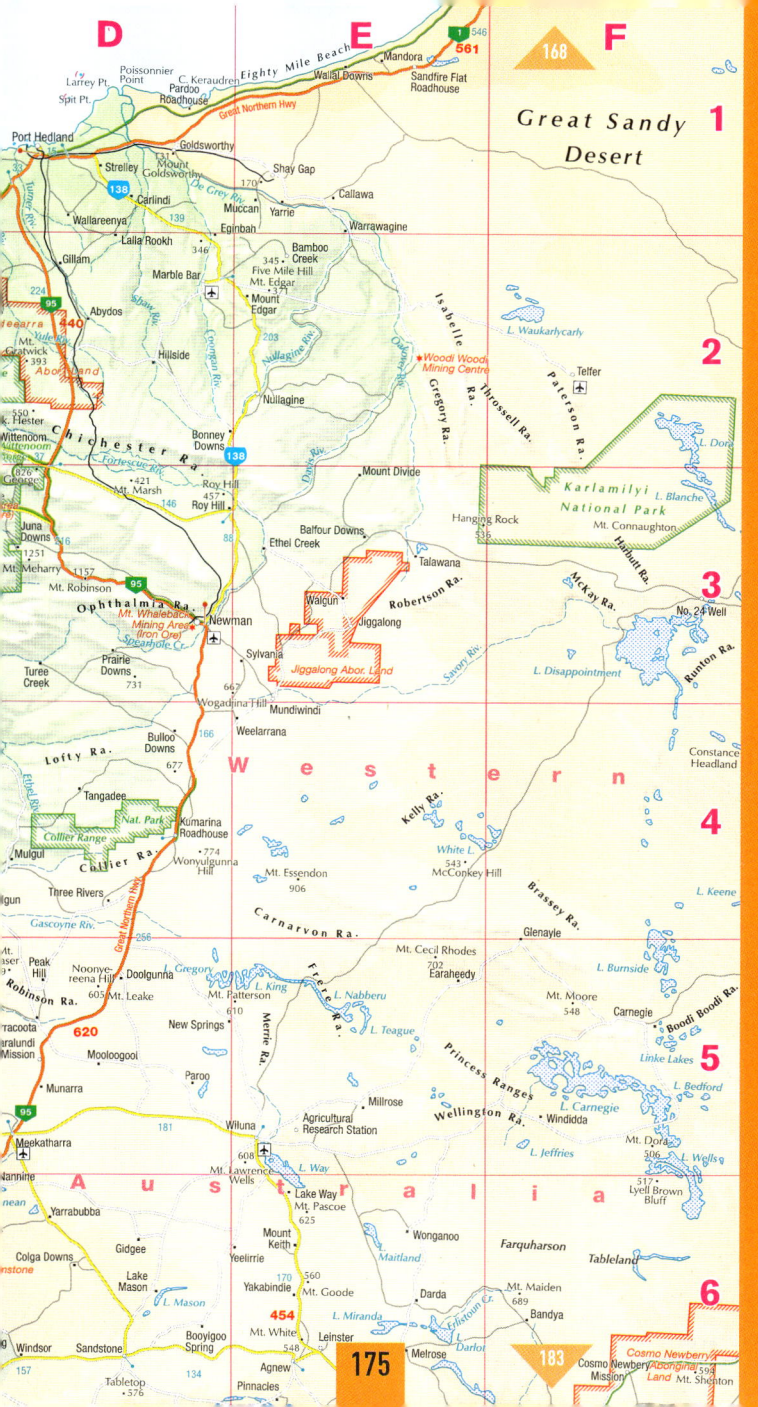

D   **E**   **F**

Larrey Pt
Poissonnier Point
Spit Pt.
C. Keraudren
Pardoo Roadhouse
Eighty Mile Beach
Wallal Downs
Mandora
561
Sandfire Flat Roadhouse
168
Great Northern Hwy

1

Port Hedland
Goldsworthy
Strelley
Mount Goldsworthy
Shay Gap
Callawa
Great Sandy Desert

138
Carlindi
De Grey Riv
170
Muccan
Yarrie
Warragine
Wallareenya
139
Eginbah
Turner Riv.
Gillam
Lalla Rookh
Bamboo Creek
345
Five Mile Hill
Mt. Edgar
357
Mount Edgar
Isabelle
L. Waukarlycarly
Marble Bar
224
Abydos
95
Shaw Riv.
Hillside
203
Nullagine Riv.
Telfer
Woodi Woodi Mining Centre
2
L. Dora

Udella
Fratwick
393
Abor. Land
Nullagine
Coongan Riv.
Gregory Ra.
Throssell Ra.
Paterson Ra.

k. Hester
Wittenoom
876
George
Chichester Ra.
Fortescue Riv.
Bonney Downs
138
Mount Divide
Oakover Riv.
Karlamilyi National Park
L. Blanche
Mt. Connaughton
L. Dora

Juna Downs
Mt. Marsh
421
Roy Hill
457
Roy Hill
146
88
Balfour Downs
Ethel Creek
Hanging Rock
535
Hardulil Ra.
3
No. 24 Well

1251
Mt. Meharry 1157
Mt. Robinson
95
Ophthalmia Ra.
Newman
Mt. Whaleback Mining Areas (Iron Ore)
Spearhole Cr.
Walgun
Jiggalong
Talawana
Robertson Ra.
McKay Ra.
Runton Ra.
L. Disappointment

Turee Creek
Prairie Downs
731
Sylvania
Jiggalong Abor. Land
667
Savory Riv.

Bullo Downs
Wogadina Hill
166
Mundiwindi
Weelarrana
Constance Headland

Lofty Ra.
677
W   **e**   **s**   **t**   **e**   **r**   **n**

Tangadee
Collier Range
Nat. Park
Kumarina Roadhouse
774
Kelly Ra.
White L.
543
McConkey Hill
Brassey Ra.
4
L. Keene

Mulgul
Collier Ra.
Wonyulgunna Hill
Mt. Essendon
906
Carnarvon Ra.
Glenayle

Three Rivers
Gascoyne Riv.
256
Mt. Cecil Rhodes
702
Earaheedy
L. Burnside
L. Keene

Mt. Fraser Hill
Peak Hill
Noonyereena Hill
Doolgunna
Gregory
Mt. Leake
605
L. King
Mt. Patterson
610
Frere Ra.
L. Nabberu
Mt. Moore
548
Carnegie
Boodi Boodi Ra.

Robinson Ra.
620
New Springs
Merrie Ra.
L. Teague
Princess Ranges
Linke Lakes
5
L. Bedford

Mooloogool
Paroo
Millrose
Wellington Ra.
L. Carnegie
Windidda
Mt. Dora
L. Wells

Munarra
95
Wiluna
181
Agricultural Research Station
L. Jeffries
506
517
Lyell Brown Bluff

Meekatharra
Mt. Lawrence Wells
608
L. Way
Lake Way
Mt. Pascoe
625
Wongano
Farquharson
Tableland

Jannine
A   **u**   **s**   **t**   **r**   **a**   **l**   **i**   **a**
Yarrabubba
Mount Keith
Yeelirrie
Maitland

Colga Downs
Gidgee
Lake Mason
170
560
Yakabindie
Mt. Goode
Darda
Mt. Miranda
Mt. Maiden
689
Bandya
6
Cosmo Newbery

Windsor
Sandstone
454
Mt. White
548
Leinster
Melrose
Eliston Cr.
Darlot
Cosmo Newbery Mission
Cosmo Newbery Aboriginal Land
Mt. Shenton

157
Tabletop
576
Booylgoo Spring
134
Agnew
Pinnacles
175
183

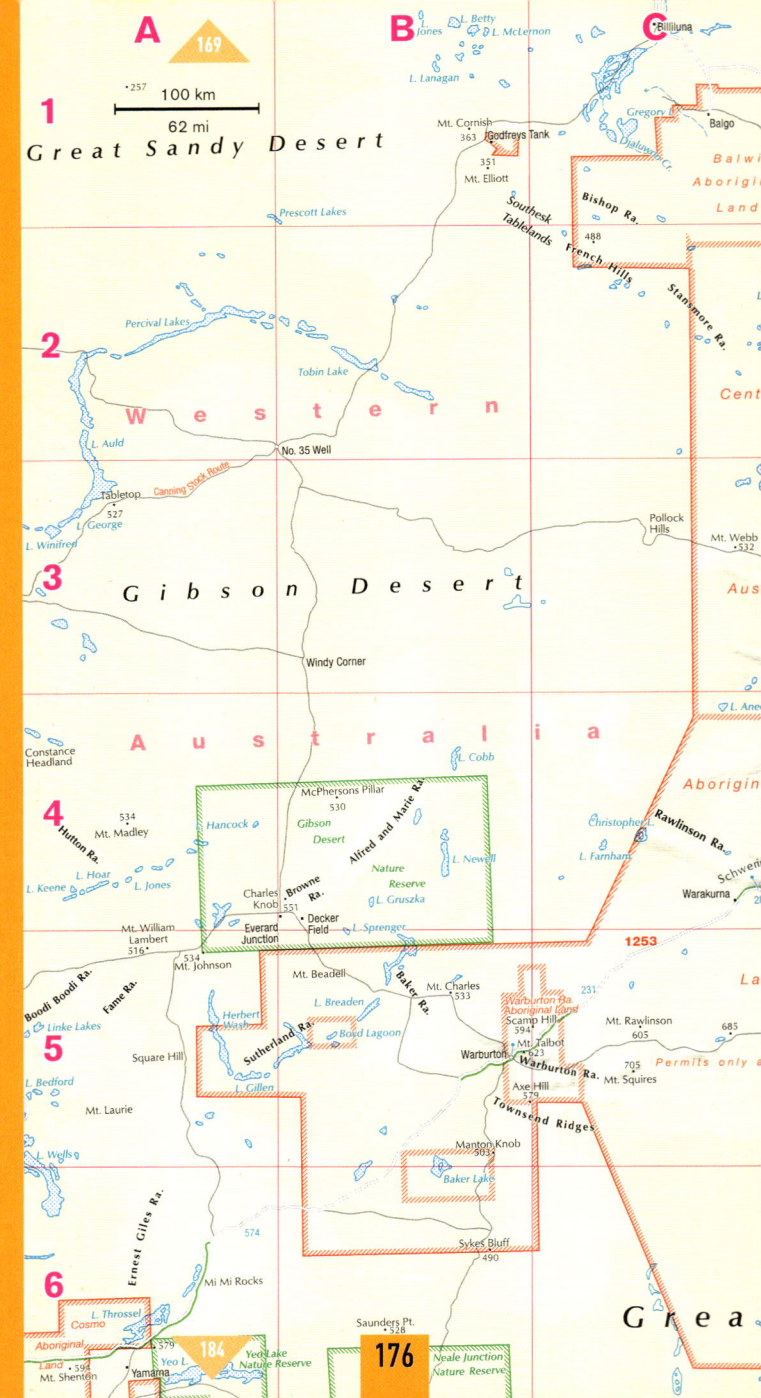

169

•257   100 km

62 mi

G r e a t   S a n d y   D e s e r t

•Jones   L. Betty
        •L. McLernon

Billiluna•

L. Lanagan

Gregory   Balgo

Mt. Cornish   •Godfreys Tank
363   351

Mt. Elliott

Bal wi
Aborigi
Land

Southesk   Bishop Ra.
Tablelands
Prescott Lakes   488   French Hills   Stanmore Ra.

1

W   e   s   t   e   r   n

Percival Lakes

Tobin Lake

Cent

2

L. Auld

No. 35 Well

Tabletop   Canning Stock Route

L. George   527   Pollock
L. Winifred   Hills   Mt. Webb
                            •532

G i b s o n   D e s e r t   **Aus**

3

Windy Corner

L. Anee

A u s t r a l i a

Constance
Headland

L. Cobb

McPhersons Pillar
530   **Aborigin**

4   534   Hancock   Gibson   Christopher L.   Rawlinson Ra.
        Mt. Madley   Desert
Hutton Ra.   Alfred and Marie Ra.   L. Farnham
L. Hoar   Nature
L. Keene   L. Jones   Charles   Browne   Reserve   L. Newell
                      Knob   Ra.   L. Gruszka
Mt. William   534   Decker   Warakurna
Lambert   Everard Field   L. Sprenger
516•   Mt. Johnson Junction   **1253**

Boodi Boodi Ra.   Mt. Beadell   Mt. Charles   **La**
                Herbert   L. Breaden   Baker Ra. 533   231•
Fame Ra.   Wash   Warburton Ra.
Linke Lakes   Boyd Lagoon   Aboriginal Land
                Sutherland Ra.   Scamp Hill
Square Hill   Mt. Talbot   Mt. Rawlinson
5   594   605   685
L. Bedford   Warburton 523
                Gillen   Axe Hill Warburton Ra. 705 Mt. Squires
Mt. Laurie   579   **Permits only a**
                                  Townsend Ridges
L. Wells   Manton Knob
                              503•
            Ernest Giles Ra.   Baker Lake

6   574

Mi Mi Rocks

Aboriginal   L. Throssel
Land   Cosmo
       379   Sykes Bluff
594•   Yeo L.   Yeo 490   **G r e a**
Mt. Shenton Yamarna Nature
                Reserve   Saunders Pt.   **176**   Neale Junction
                          528•   Nature Reserve

184

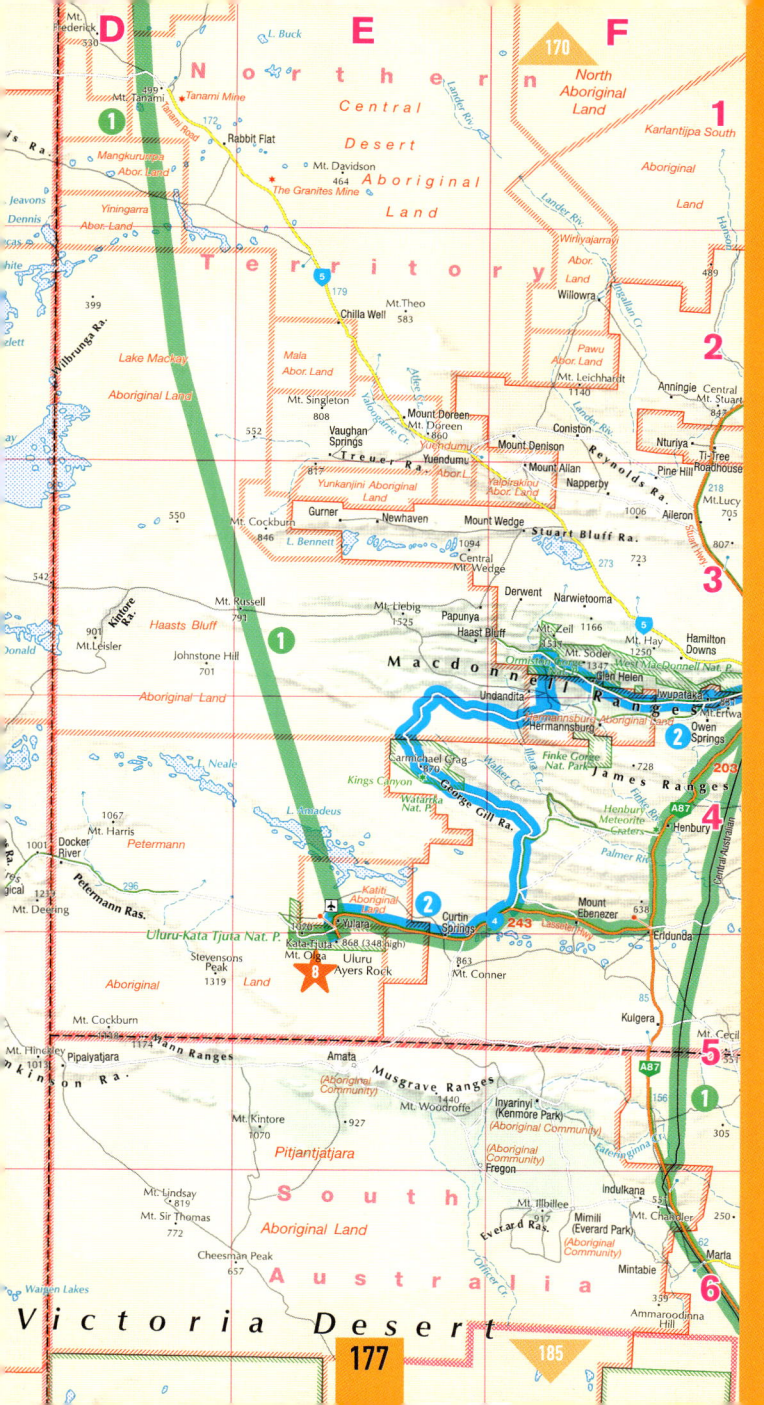

D　　　　**E**　　　　**F**

100 km
62 mi

Marion Reef

Central Section

P A C I F I C

O C E A N

Great Barrier Reef

Hayman I.
Hook I.
Whitsunday I. Nat. P.
Whitsunday I.
Hamilton I.
Lindeman
Group

Shute
Harbour
Airlie
Beach
Conway
Nat. P.

Newry I.
Calen
Seaforth
Kuttabul
Cumberland Is.
Scawell I.
Brampton I.

Mirani
Mackay
Netherdale Marian
Walkerston
Eton
Mt. Bryden
Epsom
Colston
Park
Sarina Beach
Sarina
C.Palmerston
Mt.Funnel
Prudhoe I.

Marine Park

Swain Reefs

Mt. Scott
Dipperu
Nat. P.
Ilbilbie
Carmila
Collaroy
The Alps
St. Lawrence
Long I.
Clairview
Broad
Sound
Double Mtn
Signal
Water
Townshend I.
(Big-Game Fishing)
Port Clinton
Clinton
Manifold
Northumberland Islands
Percy Isles
Duke Islands
Arthur Pt.

May Downs
Ogmore
Marlborough
Byfield
Byfield Nat. P.
Corio Bay
Yeppoon
Middlemount
Junee
Mt. Gardiner
Leura
The
Caves
Cawarral
Great Keppel I.
North West I.
C.Capricorn
Heron I.
Tryon I.
Capricorn Group

Oaky
Creek
Fairhill
Rockhampton
Yaamba
Cammoo
Caves
Keppel
North West I.

Black-
water
Blackdown
Tableland
Laleham
Dingo
Duaringa
Westwood
Stanwell
Mount Morgan
Port Alma
Curtis I.
Capricorn Section
Bluff
Goodedulla
Nat. P.

Woorabinda
(Aboriginal
Community)
Gogango
Bajool
Mount Larcom
Gladstone
Tannum Sands
Mt. Alma
Bunker Group

Bauhinia
Downs
Banana
Rannes
Specimen Hill
Biloela
Calliope
Eurimbula
Nat. P.
Agnes Waters
Miriam Vale
Lady Elliot I.

Palmgrove
Nat. P.
Mt. Nicholson
Theodore
Coorada
Moura
Kroombit Tops
Nat. P.
Bolboro
Nat. P.
Monduran
Tolan Rd.
Watalgan
Moore Park
Bundaberg Rum Distillery
Bundaberg
Elliot Heads
Sandy Cape
Waddy Pt.
Great
Sandy

Isla Gorge
Nat. P.
Cracow
Camboon P.O.
Wuruma
Res.
Mulgildie
Monto
Bania
Nat. P.
Gin Gin
Mount
Perry
Woodgate
Burrum
Coast
Burnett Hwy
Burnett Hill
Hervey
Bay

Expedition
Nat. P.
Cynthia
Eidsvold
Mundu-
bera
Childers
Torbanlea
Biggenden
Hervey
Bay
Fraser I.

Taroom
Auburn
Brovinia
Boondooma
Nat. P.
Crongah
Nat. P.
Kingaroy
Maryborough
National
Park
Inskip Point
Rainbow Beach
Double Island Pt.

Canal P.O.
Wandoan
Turkey
Mtn.
Durong
South
Murgon
Wigeen Mtn.
Goomeri
Mt.
Wratten
Nat. P.
Gympie
Tewantin
Noosa Heads

Roma
Waliumbilla
Yuleba
Jackson
Miles
Chinchilla
Condamine
Warra
Nanango
Yarraman
Kumbia
Kumba
Mt.
Kangaroo
Harlin
Kilcoy
Woodford
Cooroy
Bribie I.
Sunshine Coast
Maroochydore-
Mooloolaba
Caloundra

181

189

1

2

3

4

5

6

L. Wells

176

574

Ernest Gilles Ra.

Mi Mi Rocks

L. Throssel

Cosmo
594
Mt. Shenton
Aboriginal
Yamarna
Pt. Salvation
388
Mt. Sefton
528
Land
Pt. Salvation
Abor. Land

579
Yeo Lake
Nature Reserve
Yeo L.

583
Manton Knob
Baker Lake

Sykes Bluff
490

Saunders Pt.
528

Neale Junction

Neale
Junction

396
Nature   Reserve

G r e a

Wai

W e s t e r n

Rason L.

Hope Campbell L.

Lighfoot L.

L. Minigwal

Blue Robin Hill

Nature
Reserve
Plumridge
Lakes

Carlisle
Lakes

L. Gidgi

Jubilee L.

L. Ilma

Great Victoria D

Nature

A u s t r a l i a   Reserve

Shell Lakes

Wai

Streich Mound
592
Wildlife
Sanctuary
Cundeelee
Abor. Land
Cundeelee
Zanthus   Kitchener

N u l l a r b o r

Premier
Downs

Seemore
Downs

Indian-Pacific   Haig

Rawlinna

Loongana

Forres

Ponton Cr.

Harris L.

B   a   s   i   n

Wee

Noondoonia

Balladonia
Motel

Dundas
Nat. Reserve

Nanambinia

Juranda
Roadhouse
Mt. Dean
467
Tower Pk.
394

Orleans
Farms

Cape
Arid
Nat. P.

Israelite Bay
Israelite Bay
Pt. Malcolm
Eastern
Group

C. Arid
Sandy
Bight
Middle I.
Cape Pasley

Salisbury I.

South
East Is.

Cocklebiddy
Cave

John Eyre
Motel

E
u
c
l
a

Russel Ra.

Wylie Scarp

Baxter

Cliffs

Pt. Dover

Pt. Culver

247

Eyre Hwy.

Twilight Cove

B

Cocklebiddy
Motel

Flora & Fauna
John Eyre Res.
Telegraph Station

Madura Pass
287

Madura Motel

Mundrabilla

Mundrabil
Motel

1248

G r e a t   A u s t r

4553

100 km
62 mi

5502

D   **E**   **F**

Mt. Lindsay
819
Mt. Sir Thomas
772

Cheesman Peak
657

Fregon
(Aboriginal
Community)   **177**

Indulkana
531
Mt. Chandler
359   250

Mintabie

Pitjantjatjara

Aboriginal   Land

E v e r a r d   R a s.

Oliver Cr.

Maria   **1**

236

Ammaroodinna
Hill

V i c t o r i a   D e s e r t

Mamungari
Conservation Park

L. Meramangye

Forrest
Lakes

Wyola Lake

Observatory Hill

Maralinga-Tjarutja

L. Dey-Dey

Aboriginal Lands

L. Maurice

S o u t h

Tallaringa

Conservation

Park   **2**

A u s t r a l i a

Garford

Indooroopilly
Outstation

Wilkinson
Lakes

*Military Training
Area
(Entry Prohibited)*

Yarle L.

Ooldea Rd.

Maralinga

Watson

230

Half
Moon L.

*Woomera
Prohibited
Area*

Durkin
Outstation   **3**

P l a i n

Cook

Deakin

Trans-Australian

Railway

Nullarbor

Regional Reserve

Fisher

Bates

Wynbring

Iould L.

Yellabinna

Koonalda Cave
(Entry prohibited)

Eucla Buff
Telegraph
Station

Nullarbor Nat. P.

A1

Ruins

Nullarbor
Roadhouse

Yalata
523   Yalata

Aboriginal

Regional Reserve

Yumbarra Con. P.

*OTC International
Satellite Earth
Station*   **4**

Eucla Motels

Land

Head of
Bight

Nundroo

Coorabie

C. Adieu

Nuyts Reefs

Fowlers Bay

Penong

Fowlers Bay

St. Peter I.

Nuyts Archipelago

Pt. Brown
St. Francis
Isles

Ceduna

*Denial
Bay*

Smoky
Bay

Smoky Bay

Maltee

*Streaky
Bay*

Streaky Bay

Time   +9h30 Gr.Time

65   **5**

*Investigator
Group*

l i a n   B i g h t

1390

2000

4000

200   **6**

185

KARTENLEGENDE

Autobahn, mehrspurige Straße - in Bau Highway, multilane divided road - under construction		Autoroute, route à plusieurs voies - en construction Autosnelweg, weg met meer rijstroken - in aanleg
Fernverkehrsstraße - in Bau Trunk road - under construction		Route à grande circulation - en construction Weg voor interlokaal verkeer - in aanleg
Hauptstraße Principal highway		Route principale Hoofdweg
Nebenstraße Secondary road		Route secondaire Overige verharde wegen
Fahrweg, Piste Practicable road, track		Chemin carrossable, piste Weg, piste
Straßennummerierung Road numbering	E20 11 70 26 5 40 9	Numérotage des routes Wegnummering
Entfernungen in Kilometer Distances in kilometers	130 **259** 129	Distances en kilomètres Afstand in kilometers
Höhe in Meter - Pass Height in meters - Pass	1365	Altitude en mètres - Col Hoogte in meters - Pas
Eisenbahn - Eisenbahnfähre Railway - Railway ferry		Chemin de fer - Ferry-boat Spoorweg - Spoorpont
Autofähre - Schifffahrtslinie Car ferry - Shipping route		Bac autos - Ligne maritime Autoveer - Scheepvaartlijn
Wichtiger internationaler Flughafen - Flughafen Major international airport - Airport	✈ ✈	Aéroport importante international - Aéroport Belangrijke internationale luchthaven - Luchthaven
Internationale Grenze - Provinzgrenze International boundary - Province boundary		Frontière internationale - Limite de Province Internationale grens - Provinciale grens
Unbestimmte Grenze Undefined boundary		Frontière d'Etat non définie Rijksgrens onbepaalt
Zeitzonengrenze Time zone boundary	-4h Greenwich Time -3h Greenwich Time	Limite de fuseau horaire Tijdzone-grens
Hauptstadt eines souveränen Staates National capital	**CANBERRA**	Capitale nationale Hoofdstad van een souvereine staat
Hauptstadt eines Bundesstaates Federal capital	**Perth**	Capitale d'un état fédéral Hoofdstad van een deelstat
Sperrgebiet Restricted area		Zone interdite Verboden gebied
Nationalpark National park		Parc national Nationaal park
Antikes Baudenkmal Ancient monument	∴	Monument antiques Antiek monument
Sehenswertes Kulturdenkmal Interesting cultural monument	*Angkor Wat*	Monument culturel interèssant Bezienswaardig cultuurmonument
Sehenswertes Naturdenkmal Interesting natural monument	*Ha Long Bay*	Monument naturel interèssant Bezienswaardig natuurmonument
Brunnen Well		Puits Bron
MARCO POLO Erlebnistour 1 MARCO POLO Discovery Tour		MARCO POLO tour d'aventure 1 MARCO POLO Avontuurlijke Route 1
MARCO POLO Erlebnistouren MARCO POLO Discovery Tours		MARCO POLO tours d'aventure MARCO POLO Avontuurlijke Routes
MARCO POLO Highlight	★	MARCO POLO Highlight

FÜR IHRE NÄCHSTE REISE ...

ALLE **MARCO POLO** REISEFÜHRER

Viele MARCO POLO Reiseführer gibt es auch als eBook – und es kommen ständig neue dazu!
Checken Sie das aktuelle Angebot einfach auf: www.marcopolo.de/e-books

REGISTER

In diesem Register sind die wichtigsten erwähnten Orte und Ausflugsziele verzeichnet (NP = National Park). Gefettete Seitenzahlen verweisen auf den Haupteintrag.

SCHREIBEN SIE UNS!

Egal, was Ihnen Tolles im Urlaub begegnet oder Ihnen auf der Seele brennt, lassen Sie es uns wissen! Ob Lob, Kritik oder Ihr ganz persönlicher Tipp – die MARCO POLO Redaktion freut sich auf Ihre Infos.
Wir setzen alles dran, Ihnen möglichst aktuelle Informationen mit auf die Reise zu geben. Dennoch schleichen sich manchmal Fehler ein – trotz gründlicher Recherche unserer Autoren/innen. Sie haben sicherlich Verständnis, dass der Verlag dafür keine Haftung übernehmen kann.

MARCO POLO Redaktion
MAIRDUMONT
Postfach 31 51
73751 Ostfildern
info@marcopolo.de

IMPRESSUM
Titelbild: Uluru (Look/age fotostock)
Fotos: David Haines, Joyce Hinterding and BREENSPACE (19 u.); DuMont Bildarchiv: Emmler (92, 102/103, 104), Leue (17, 79, 83), Wdmann (66, 124); B. Gebauer/S. Huy (1 u.); huber-images: M. Carassale (58), Huber (5, 32/33), H. - P. Huber (96/97), J. Huber (36/37), B. Mitchell (50, 95), Rellini (9, 76), Giovanni Simeone (4); R. Irek (129); M. Kirchgessner (125); Laif: Barbagallo (11), Emmler (30, 75), La-Roque (48), Lengler (81), Valentin (56/57); Laif/hemis.fr (7, 8, 86, 117, 127), Dozier (119); Laif/Vault Archiv: A. Pines (144); H. Leue (31, 68/69, 78, 120/121, 146/147, 152/153, 166/167); Look: Dressler (46), Heeb (43), Wothe (110/111); Look/age fotostock (1 o.); mauritius images: W. Bibikow (41, 53), Boelter (122), J. Warburton-Lee (29, 84/85); mauritius images/age (28 l., 70, 98, 151); mauritius images/Alamy (3, 6, 10, 19 o., 20/21, 23, 26/27, 28 r., 34, 39, 40, 44/45, 62, 63, 65, 72, 91, 106, 109, 130/131, 139, 150, 152, 153, 154 o., 155); mauritius images/Imagebroker: M. Hahr (89), N. Probst (Klappe l., 148/149), M. Runkel (12/13); mauritius images/Imagebroker/World Pictures (14/15); mauritius images/Keyphotos (55); mauritius images/Minden Pictures (154 u.); mauritius images/Photononstop (2); mauritius images/Torino (25); mauritius images/White Star: M. Gumm (60), Okapia/BIOS: Watts (22), Riley Classic Balsawood Surfboards (18 M.); Ruby Rabbit: Josh Klapp (18 o.); O. Stadler (Klappe r.); T. P. Widmann (30/31, 67, 101, 112, 115, 143, 150/151); www.discology.com.au: Richard Sampson (18 u.)

13. Auflage 2016
Komplett überarbeitet und neu gestaltet
© MAIRDUMONT GmbH & Co. KG, Ostfildern
Chefredaktion: Marion Zorn
Autoren: Bruni Gebauer, Stefan Huy, Esther Blank, Urs Wälterlin; Redaktion: Ulrike Frühwald
Verlagsredaktion: Susanne Heimburger, Tamara Hub, Nikolai Michaelis, Kristin Schimpf, Martin Silbermann
Bildredaktion: Gabriele Forst, Im Trend: wunder media, München
Kartografie Reiseatlas: © MAIRDUMONT, Ostfildern; Kartografie Faltkarte: © MAIRDUMONT, Ostfildern
Gestaltung Cover, S. 1, S. 2/3, Faltkartencover: Karl Anders – Büro für Visual Stories, Hamburg; Gestaltung innen: milchhof:atelier, Berlin; Gestaltung Erlebnistouren: Susan Chaaban Dipl.-Des. (FH)
Sprachführer: in Zusammenarbeit mit Ernst Klett Sprachen GmbH, Stuttgart, Redaktion PONS Wörterbücher

FSC
MIX
Paper from responsible sources
FSC® C011918
www.fsc.org

ALLES BESSER WISSEN

Sich selber in den Vordergrund stellen, angeben – das kommt in Australien überhaupt nicht an. Das heißt aber nicht, dass Sie bei Diskussionen mit Australiern nicht Ihre Position klarmachen sollten. Im Gegenteil: Eine klare Stellungnahme etwa zu einem politischen Thema ist durchaus geschätzt, solange sie nicht wichtigtuerisch vorgebracht wird.

VISUM ÜBERZIEHEN

Australien hat ein äußerst hartes Einwanderungsgesetz. Wer die Besuchszeit des Touristenvisums überschreitet oder unerlaubt arbeitet, dem droht nicht nur die Ausweisung, sondern auch ein mehrjähriges Rückkehrverbot.

GIFTIGE QUALLEN UNTERSCHÄTZEN

Stinger, box jellyfish oder *sea wasp* wird die mordsgefährliche Quallenart genannt, schon die Berührung kann tödlich sein. Erste-Hilfe-Maßnahme: Essig auf die Hautstelle träufeln! Zum Glück kommen die Biester ausschließlich in tropischen Küstengewässern vor – und das auch nur zwischen Oktober und Mai. Während dieser Zeit sollten Sie nicht ohne *wetsuit* im Meer baden bzw. nur Strände aufsuchen, die durch Netze geschützt sind. *Stinger*-frei sind in den meisten Fällen die Gewässer weit draußen, z. B. um die Inseln am Great Barrier Reef.

EINEN APFEL MITBRINGEN

Dank der geografischen Isolation ist Australien bisher von verschiedenen landwirtschaftlichen Krankheiten – etwa der Maul- und Klauenseuche – verschont geblieben. Dass dies so bleibt, dafür sorgt an den Grenzübergängen eine ganze Armee von Beamten. Schon beim Landeanflug auf Sydney werden Besucher davor gewarnt, Lebensmittel ins Land zu bringen. Früchte und Fleischwaren sind absolut tabu, andere Artikel (etwa Schokolade) werden toleriert, solange sie auf dem Zollformular deklariert sind. Wer gegen die Gesetze verstößt und von speziell trainierten Schnüffelhunden oder Röntgenmaschinen erwischt wird, dem drohen empfindliche Strafen.

IN DIE AUGEN SCHAUEN

Die meisten Aborigines empfinden es als äußerst unangenehm, wenn man ihnen bei einem Gespräch direkt in die Augen schaut. Das ist nur eine von mehreren Verhaltensregeln, die Sie im Umgang mit den Ureinwohnern beachten sollten. Eine andere ist, nicht über möglicherweise unangenehme oder peinliche Themen zu sprechen – etwa Armut, Hygiene und Sex. Doch auch im Umgang mit weißen Australiern gibt es gewisse, fast mittelalterlich erscheinende Anstandsregeln. So gilt es auf dem Land noch vielerorts als unangebracht, dass ein Mann einer Frau zur Begrüßung die Hand reicht.